中国基础教育高质量发展丛书
总主编◎陈如平

心理健康教育改革

徐晓虹 ◎著

山东友谊出版社
·济南·

图书在版编目（CIP）数据

心理健康教育改革 / 徐晓虹著. -- 济南：山东友谊出版社，2022.2

（中国基础教育高质量发展丛书）

ISBN 978-7-5516-2488-6

Ⅰ.①心… Ⅱ.①徐… Ⅲ.①心理健康—健康教育—教学改革—中小学 Ⅳ.①G444

中国版本图书馆CIP数据核字（2022）第026217号

心理健康教育改革
XINLI JIANKANG JIAOYU GAIGE

责任编辑：王雅楠
装帧设计：刘洪强

主管单位：山东出版传媒股份有限公司
出版发行：山东友谊出版社
　　　　　地址：济南市英雄山路189号　邮政编码：250002
　　　　　电话：出版管理部（0531）82098756
　　　　　　　　发行综合部（0531）82705187
　　　　　网址：www.sdyouyi.com.cn
印　　刷：济南乾丰云印刷科技有限公司

开本：710 mm×1 000 mm　1/16
印张：12　　　　　　　　　字数：216千字
版次：2022年2月第1版　　　印次：2022年2月第1次印刷
定价：68.00元

目录

第一章 心理健康教育概述——教育新领域 ·········001

　　第一节　概念界定：心理健康与心理健康教育 ·········003

　　第二节　政策梳理：教育部政策法规要求的演变 ·········007

　　第三节　原则策略：中小学心理健康教育的途径、内容 ·········016

第二章 班级心理辅导——不需要考试的课程 ·········021

　　第一节　班级心理辅导概述 ·········023

　　第二节　班级心理辅导的理论依据 ·········028

　　第三节　班级心理辅导的操作技术 ·········031

　　第四节　班级心理辅导范例 ·········042

第三章 个别心理辅导——去，还是不去？是个问题 ·········063

　　第一节　个别心理辅导概述 ·········065

　　第二节　个别心理辅导的理论基础 ·········068

　　第三节　个别心理辅导的操作技术 ·········075

　　第四节　个别心理辅导范例 ·········082

第四章 小组心理辅导——一起参加社团活动吧 ·········095

　　第一节　小组心理辅导概述 ·········097

  第二节 小组心理辅导的注意事项 …………………… 101

  第三节 小组心理辅导范例 ………………………………… 104

第五章 幸福快乐委员——我不叫心理委员 …………… 107

  第一节 朋辈心理辅导概述 ………………………………… 109

  第二节 幸福快乐委员的功能定位 ……………………… 115

  第三节 幸福快乐委员成长培训机制 …………………… 121

  第四节 幸福快乐委员培训范例 ………………………… 127

第六章 学校心理测量——有必要测一测吗 …………… 131

  第一节 学校心理测量的定义、分类 …………………… 133

  第二节 学校心理测量的特点 …………………………… 137

  第三节 常用学校心理测量 ………………………………… 139

第七章 学校心理危机识别与应急干预——不，别过来 …… 155

  第一节 学校心理危机概述 ………………………………… 157

  第二节 心理危机学生的识别 …………………………… 162

  第三节 学校心理危机干预操作技术 …………………… 171

参考文献 ……………………………………………………………… 181

鸣 谢 ………………………………………………………………… 187

第一章
心理健康教育概述
——教育新领域

心理健康教育越来越受到重视,最近二十年来,上至教育部,中至省、区、市教育厅,下至各大高校、城乡中小学乃至幼儿园,都积极推进,联动重视,使得这项工作蓬勃发展,在很多地方取得显著成效。不过,心理健康教育专业性很强,在实施各项举措的过程中,不可避免存在这样那样的问题,需要加以改进,不断完善。

本书主要论述中小学心理健康教育。

第一节　概念界定：心理健康与心理健康教育

为有效开展中小学心理健康教育工作，首先要厘清几个重要概念。

一、心

《现代汉语词典》认为"心"有三层意思：（1）人和高等动物身体内推动血液循环的器官（即心脏）。（2）通常也指思想的器官和思想、感情等。（3）中心；中央的部分。

"心"字最早可以追溯到甲骨文。甲骨文的"心"是个象形字，是古人所知晓的人体心脏的形状。古人还认为"心"是思想、思维的器官，由此"心"字的意思被引申为"心思、意念、性情"等，又拓展到"思虑、思考、谋划"等。

二、心理

在中国心理学界，学者普遍认为心理是人对客观物质世界的主观反映，是对自然与社会环境及自身的感知与体验。

心理学者普遍认为：人的心理活动都有一个发生、发展、消失的过程。

心理的表现形式叫作心理现象，包含心理特性和心理过程。心理是记忆、知觉、情感、思维、性格、意志、能力等心理现象的总和。人通过感觉器官来认识外部世界，通过大脑的活动思索着事物之间的因果关系等，并伴随着怒、喜、惧、哀等方面的情感体验，其间折射出的一系列心理反应的过程就是心理过程。心理过程按性质一般分为三个方面：认知过程、意志过程和情感过程，即知、意、情三方面。

三、心理健康

关于心理健康的定义，1946年召开的第三届国际心理卫生大会指出，心理健康是指在身体、智能以及情感上，在与他人心理健康不相矛盾的范围内，将个人心境发展成最佳状态。

关于心理健康的标准，世界卫生组织及各国研究者的指标多有不同。世界卫生组织曾在1989年给出言简意赅的标准：心理健康，不仅是没有身体缺陷和疾病，还要有完整的生理、心理状态和社会适应能力。世界心理卫生联合会提出心理健康的四个指标：（1）身体、智力、情绪十分协调。（2）适应环境，在人际交往中能彼此谦让。（3）有幸福感。（4）在学习和工作中，能充分发挥自己的能力，过着有效率的生活。中国学者郑日昌对心理健康标准进行了本土化的表述，概括出十条标准：（1）认知功能正常。（2）情绪反应适度。（3）意志品质健全。（4）自我认知正确。（5）个性结构完整。（6）人际关系协调。（7）社会适应良好。（8）人生态度积极。（9）行为规范化。（10）活动与年龄相符。

关于心理健康的影响因素，心理学界普遍认同这个观点：心理健康除个体自身因素外，还受到国家、社会制度、民族、宗教信仰、风俗、道德观念、传统习惯等诸多因素的影响。

四、心理健康教育

心理健康教育是本书的关键词。中小学心理健康教育一般是指根据中小学生心理发展的规律和特点，运用心理学的教育方法和手段来培养学生良好的心理素质，从而促进学生整体素质全面提高的教育。

在相关文件中，比较早提及中小学心理健康教育的是《国务院关于基础教育改革与发展的决定》，但在该文件中，心理健康教育属于德育的范畴。2017年教育部印发的《中小学德育工作指南》中更加明确地指出，中小学德育的内容包括五个部分：理想信念教育、社会主义核心价值观教育、中华优秀传统文化教育、生态文明教育和心理健康教育。

五、概念廓清

从专业性的角度出发，需要梳理心理健康教育与相关概念的关系，特别是相近的、容易混为一谈的概念。

比如，在基础教育阶段的素质教育过程中，学校心理健康教育与德、智、体、美、劳五育之间既有不同又有交叉的关系，可用图1-1清晰表示。

图1-1 学校心理健康教育与"五育"关系示意

再比如心理服务干预的模式。学生跟成年人一样会存在心理问题、心理障碍甚至心理疾病。从心理问题到心理障碍再到心理疾病，症状程度渐深，不同的症状程度对应不同主体实施的干预模式，如表 1-1 所示。

表 1-1　心理服务干预模式比较

项目	心理问题	心理障碍	心理疾病
干预模式	心理辅导	心理咨询	心理治疗
实施主体	社会工作者	心理咨询师	心理治疗师

第二节　政策梳理：教育部政策法规要求的演变

国家通过出台专题文件、成立专家指导委员会、召开专题会议、专业教师培训等多种方式，对中小学心理健康教育进行规范、引导。

一、出台专题文件

（一）《关于加强中小学心理健康教育的若干意见》

国家对某一项工作的重视，多会通过专题文件的形式来彰显其重要性。国家对中小学心理健康教育的重视，最早可体现在 1999 年 8 月颁布的《教育部关于加强中小学心理健康教育的若干意见》这一文件中。这是教育部关于中小学健康教育的第一个专题文件。在此基础上，2001 年国务院颁布了《关于基础教育改革与发展的决定》，在"切实增强德育工作的针对性、实效性和主动性"这一条中指出，要"加强中小学生的心理健康教育"。显而易见，中小学生心理健康教育仍然从属于德育范畴。

（二）《中小学心理健康教育指导纲要》

教育部关于中小学心理健康教育的第二个专题文件，是 2002 年出台的《中小学心理健康教育指导纲要》，该文件于 2012 年修订并重新颁布。2012 年修订后的文件对中小学心理健康教育的指导思想、原则、任务与目标，不同年龄阶段的教育内容，开展心理健康教育的途径、方法，组织实施和实施过程中应注意的问题等，都作了明确的规定，不仅具有较强的规范性，还具有可操作性。这些细致的要求，为基层中小学校开展心理健康教育提供了行动指南。

（三）《中小学心理辅导室建设指南》

2015年7月教育部印发了《中小学心理辅导室建设指南》，指出：为切实发挥心理辅导室的重要作用，要加强中小学心理健康教育阵地建设，加强心理辅导工作的专业性、科学性、操作性。如果说前两个专题文件基本上是宏观、中观层面的要求与指导，那么，这个文件便是进行微观层面的指导，力求为每个孩子心理健康成长保驾护航。

（四）特殊时期的特殊部署

2008年5月12日的汶川地震发生后，全国许多心理治疗师和心理健康教育工作者第一时间深入汶川灾区，对复课的学生及时进行心理援助。7月23日开始，对灾区学生突发应急期的心理干预陆续完成，大部分心理援助志愿者陆续撤出灾区，随后教育部要求地震灾区中小学开展系列心理辅导与心理健康教育。当时，灾区中小学9月如期开学，汶川灾区中小学按照教育部的部署，积极开展各项极具针对性的灾后心理辅导与心理健康教育。

（五）《关于加强学生心理健康管理工作的通知》

2021年7月7日，教育部办公厅发布了《关于加强学生心理健康管理工作的通知》，从源头管理、过程管理、结果管理与保障管理4大方面提出了12条具体措施，全方位提升学生心理健康素养。该文件在过程管理与结果管理方面，突出了学校要提升及早发现能力、日常咨询辅导水平和心理危机事件干预处置能力。

二、成立专家指导委员会

早在 1999 年,教育部就成立了中小学心理健康教育专家咨询委员会。2007 年 12 月,教育部调整了该专家咨询委员会的工作,并将其更名为中小学心理健康教育专家指导委员会(简称"专委会"),同时,教育部还通过了相关章程,更加明确了专委会的职责与任务。

五年之后,2012 年 12 月,教育部公布了 2013—2016 年专委会委员名单,设主任委员 1 名,副主任委员 3 名,秘书长 1 名,副秘书长 2 名,委员 33 名。

第二个五年后,2017 年 10 月,教育部公布了 2017—2020 年专委会委员名单,北京师范大学林崇德教授任名誉主任,正副主任委员分别是北京师范大学董奇教授、华南师范大学莫雷教授,秘书长是中国人民大学俞国良教授,副秘书长是北京师范大学方晓义教授,委员仍是 33 名。

2019 年 6 月,教育部出台了新的专委会章程和责任区管理办法,推动地方和片区专家组加强对接交流,形成常态化工作机制。2020 年 4 月,专委会发布了给全国中小学校新学期疫情下加强心理健康教育指导的 10 条建议。

2021 年 8 月,教育部成立了由 45 名专家教授组成的新一届专委会,林崇德仍担任主任委员,副主任委员是杨振斌、王登峰、游旭群、白学军,王卫权任秘书长,乔志宏任常务副秘书长。

三、召开专题工作会议

自 2007 年起,教育部先后多次召开专题性全国中小学心理健康教育工作会议,对于这些专题性会议,限于篇幅不能一一介绍,只能选择性介绍。

（一）2007 年北京会议

2007 年 12 月，教育部在北京召开中小学心理健康教育专家指导委员会全体会议暨中小学心理健康教育实验工作经验交流会。来自北京、上海、天津、江苏、四川、浙江、河北、广东、辽宁、陕西、山东等省市教委（教育厅）的代表，来自北京师范大学、东北师范大学、华中师范大学等高校的代表以及专委会全体成员与会。会议分析总结心理健康教育的经验、新形势下心理健康教育的总体状况，明确了专委会的职责，对下一步推进工作提出建议，特别提出了"加强思想政治工作，注重人文关怀和心理疏导"的要求。

（二）2010 年北京会议

2010 年 2 月，教育部中小学心理健康教育专家指导委员会在北京举行全体会议，就建立健全学校心理干预机制、推动学校有效开展心理健康教育提出政策建议。会议提出了"心理健康教育应避免简单化倾向"的观点。时任教育部副部长陈小娅在会上强调，要贯彻落实科学发展观，坚持以人为本，把中小学心理健康教育摆在更为重要的位置，总结经验，研究问题，完善政策，应对挑战，不断提高专业化水平，促进中小学生健康成长。

（三）2010 年成都会议

2010 年 11 月，在成都市青白江区召开全国中小学心理健康教育工作经验交流会。会议要求各地教育行政部门、教科研机构要提高认识，增强使命感；要摸清现状，体现针对性；要加强相关研究，把握规律性；要重在落实，突出实践性。尤其是要抓好心理健康教育的机制建设、队伍建设，充分发挥专家指导委员会的作用，进一步推动中小学心理健康教育工作。

（四）2012 年厦门会议

2012 年 12 月，教育部在厦门召开全国中小学心理健康教育工作会议。会议印发了《中小学心理健康教育指导纲要（2012 年修订）》（以下简称

"指导纲要"），提出了"全面推进、突出重点、分类指导、协调发展"的十六字工作方针，要求各地注重学生心理和谐健康，加强人文关怀和心理疏导，全面普及、巩固和深化中小学心理健康教育。指导纲要根据不同年龄阶段学生的身心发展特点，把中小学心理健康教育的实施分为小学低年级、中年级、高年级以及初中、高中五个阶段，分别规定了具体的教育内容。指导纲要要求，各地各校要通过多种途径和方式，结合教育教学实际，保证心理健康教育时间，课时可在地方课程或学校课程中安排。指导纲要还要求，各地各校要制定规划，逐步配齐心理健康教育专职教师，每所学校至少配备一名专职或兼职心理健康教育教师，并逐步增大专职人员配比。

（五）2018年北京会议

2018年12月，教育部中小学心理健康教育专家指导委员会2018年工作会议在北京召开。时任教育部副部长朱之文指出，要站在贯彻党的教育方针、落实立德树人根本任务、促进社会和谐稳定的高度，将心理健康教育作为一项基础性、战略性工作，纳入整个育人工作统筹谋划，着力培养学生的健全人格。委员们汇报了本地区、本校经验成果，介绍了国际做法，讨论审议了《教育部中小学心理健康教育专家指导委员会章程》《教育部中小学心理健康教育专家指导委员会责任区管理办法》《中小学校心理健康教育工作评估标准》等。准备根据这些内容，开展好中小学心理健康教育工作评估和学生心理健康状况监测，以期取得新成效。

四、启动心理健康教育骨干教师国家培训计划

专委会曾建议，为了推动学校有效开展心理健康教育、建立健全学校心理干预机制，需要启动全国中小学心理健康教育骨干教师培训，其中，计划国家级培训共培训骨干教师500名，以此改变中小学心理健康教育合

格师资缺乏的状况。2010年7月,教育部发布《中小学教师国家级培训计划——示范性项目实施方案》,对心理健康教育骨干教师培训进行总体部署,开展"国培计划——中小学心理健康教育骨干教师培训项目"。

《中小学心理健康教育指导纲要(2012年修订)》要求中小学心理健康必须配齐专兼职教师:"心理健康教育是一项专业性很强的工作,必须大力加强专业教师队伍建设。各地各校要制定规划,逐步配齐心理健康教育专职教师,专职教师原则上须具备心理学或相关专业本科学历。每所学校至少配备一名专职或兼职心理健康教育教师,并逐步增大专职人员配比,其编制从学校总编制中统筹解决。"指导纲要还明确而具体地要求各地市大力开展心理健康教育教师培训:"各省级教育行政部门要将心理健康教育教师培训纳入教师培训计划,分期分批对区域内心理健康教育教师进行轮训,切实提高专、兼职心理健康教育教师的基本理论、专业知识和操作技能水平。要在中小学校长、班主任和其他学科教师等各类培训中增加心理健康教育的培训内容,建立分层分类的培训体系。"作为先头引领,教育部分期分批对中小学心理健康教育教研员和骨干教师进行国家级培训,随后各省级教育行政部门分期分批对区域内心理健康教育教师进行了轮训。

近两年,教育部提出了分类培训的目标,对心理咨询教师侧重于心理精神分析、综合心理知识等方面的培训,对辅导员、班主任侧重于危机预防干预、心理创伤辅导、心理健康防护等方面的培训,对管理人员侧重于心理危机事件处置等方面的培训,对任课教师侧重于情绪调节、压力管理等方面的培训。力图通过以上各有侧重的培训,提高预防和干预学生心理危机的实战能力。

五、纳入教育部年度工作计划

自 2002 年开始，教育部基础教育一司每年的工作要点，都单列一条"加强中小学心理健康教育"的工作内容。事实上，每次召开年度全国教育工作会议时，教育部部长在谈到基础教育工作时，都会重点强调心理健康教育工作。

六、增设心理健康教育教师资格考试

2017 年 7 月，教育部教师工作司发布了《关于中小学教师资格考试增加"心理健康教育"等学科的通知》，明确了自 2017 年下半年开始，各试点省份的中小学教师资格考试分别增设以下学科：初中、高中、中职文化课类别增设"心理健康教育""日语""俄语"学科；小学类别面试增设"心理健康教育""信息技术""小学全科"学科。

增设"心理健康教育"学科，这是一个很大的举措。新增学科的面试虽然暂时是由各试点省（区、市）和部属师范大学自行组织命题和考试，待条件成熟后再由全国统一命题，但是新增学科的笔试科目一、科目二与其他已经开考的学科一致，这体现了"心理健康教育"独立学科的地位，标志着心理健康教育已经完全从德育序列中脱离出来。

七、协同多部门开展联合行动

2010 年 12 月，教育部联合中国科协等，共同实施"青少年健康人格工程"。该工程制定未来规划、政策文件和具体运行规则，科学详细规范教育内容，遵循"政府主导、社会参与、课外为主、公益运行"的原则，建立协调统一的专家咨询服务网络，支持鼓励企业、学校、社区和家庭广泛参与，构建社区、校园、家庭互动机制，渗透人格塑造、心理疏导、性健康、行为养成等心理健康教育内容，造福亿万家庭。同时，该工程还借助中国科学院陈一筠研究员建立的"青苹果之家"教育咨询服务基地，确定了北京市昌平区、吉林省、黑龙江省、河北省石家庄市、辽宁省大连市、甘肃省张掖市、四川省德阳市、湖南省娄底市为首批试点区。"青少年健康人格工程"持续实施了多年。

面对新冠肺炎疫情，教育部利用国家中小学网络云平台，开设心理健康教育、防疫教育专栏，上线《面对疫情，如何让自己不恐慌》等一大批专题视频，从居家建议、情绪调适、习惯养成、理想教育、挫折教育、生涯规划等多个方面进行指导。2020年6月，教育部印发《疫情防控常态化下复学复课工作20问》《新冠肺炎疫情心理疏导工作方案》，加强心理疏导。

八、评选全国心理健康教育示范区、特色学校

教育部先后启动了全国中小学心理健康教育示范区、全国心理健康教育特色学校评选工作。2012年12月，教育部公布了首批20个全国中小学心理健康教育示范区，评选指标为如下10条：（1）办学规范。（2）领导重视。（3）机构健全。（4）制度健全。（5）经费保障。（6）人员配备。（7）培养培训。（8）教育教学。（9）全员育人。（10）社会合作。其中三条有具体的数据指标：第5条保障方面，要求区域内90%以上学校设置心理健康教育辅导室等专门场所；第6条师资方面，要求90%以上学校配备心理健康教育专兼职教师；第8条课程方面，要求90%以上学校必须开设心理健康教育课程。

2014年，教育部办公厅发出《关于实施中小学心理健康教育特色学校

争创计划的通知》，经由各省（区、市）教育厅（教委）及新疆生产建设兵团教育局推荐，最后经专家综合评审，2015年教育部公布并表彰首批全国中小学心理健康教育特色学校205所。2017年7月，教育部公布并表彰第二批全国中小学心理健康教育特色学校209所。

综上所述，教育部主要从以上八个方面发布一系列文件，制定一系列配套的制度、措施，以加强对中小学心理健康教育工作的推进。

第三节　原则策略：中小学心理健康教育的途径、内容

关于中小学心理健康教育的目标，经过多次论证的《中小学心理健康教育指导纲要（2012年修订）》明确指出："心理健康教育的总目标是：提高全体学生的心理素质，培养他们积极乐观、健康向上的心理品质，充分开发他们的心理潜能，促进学生身心和谐可持续发展，为他们健康成长和幸福生活奠定基础。""心理健康教育的具体目标是：使学生学会学习和生活，正确认识自我，提高自主自助和自我教育能力，增强调控情绪、承受挫折、适应环境的能力，培养学生健全的人格和良好的个性心理品质；对有心理困扰或心理问题的学生，进行科学有效的心理辅导，及时给予必要的危机干预，提高其心理健康水平。"

在总目标和具体目标的统领下，心理健康教育专家们提出了中小学心理健康教育的主要途径、方法和主要内容。

一、中小学心理健康教育的主要途径、方法

中小学心理健康教育要以学生发展为根本，遵循四大基本原则：第一，坚持科学性与实效性相结合；第二，坚持发展、预防和危机干预相结合；第三，坚持面向全体学生和关注个体差异相结合；第四，坚持教师的主导

性与学生的主体性相结合。

中小学心理健康教育的途径和方法：第一，始终贯穿于教育教学全过程；第二，开展心理健康专题教育；第三，建立心理辅导室；第四，密切联系家长，共同实施心理健康教育；第五，充分利用校外教育资源开展心理健康教育。

在中小学教育教学全过程中贯穿心理健康教育，首先是要注重发挥教师的人格魅力和为人师表的作用，建立起民主、平等、相互尊重的师生关系。其次，全体教师都应自觉地在各学科教学中遵循心理健康教育的规律，将适合学生特点的心理健康教育内容有机渗透到日常教育教学活动中。第三，要将心理健康教育与班主任工作、班团队活动、校园文体活动、社会实践活动等有机结合，充分利用网络等现代信息技术手段，通过多种途径开展心理健康教育。

二、中小学心理健康教育的主要内容

《中小学心理健康教育指导纲要（2012年修订）》规定的主要内容包括：普及心理健康知识，树立心理健康意识，了解心理调节方法，认识心理异常现象，掌握心理保健常识和技能。其重点是认识自我、学会学习、人际交往、情绪调适、升学择业以及生活和社会适应等方面的内容。

心理健康教育应从不同地区的实际和不同年龄阶段学生的身心发展特点出发，循序渐进，设置分阶段的具体教育内容。经过充分调研和专家论证，最后精选出以下分阶段的具体教育内容：

1. 小学低年级段

小学低年级心理健康教育的内容主要包括：（1）帮助学生认识班级、学校、日常学习生活环境和基本规则。（2）初步感受学习知识的乐趣，重点是学习习惯的培养与训练。（3）培养学生礼貌友好的交往品质，乐于与老师、同学交往，在谦让、友善的交往中感受友情。（4）使学生有安全感和归属感，初步学会自我控制。（5）帮助学生适应新环境、新集体和新的学习生活，树立纪律意识、时间意识和规则意识。

2. 小学中年级段

小学中年级心理健康教育的内容主要包括：（1）帮助学生了解自我、认识自我。（2）初步培养学生的学习能力，激发学习兴趣和探究精神，树立自信，乐于学习。（3）树立集体意识，善于与同学、老师交往，培养自主参与各种活动的能力以及开朗、合群、自立的健康人格。（4）引导学生在学习生活中感受解决困难的快乐，学会体验情绪并表达自己的情绪。（5）帮助学生建立正确的角色意识，培养学生对不同社会角色的适应。（6）增强时间管理意识，帮助学生正确处理学习与兴趣、娱乐之间的矛盾。

3. 小学高年级段

小学高年级心理健康教育的内容主要包括：（1）帮助学生正确认识自己的优缺点和兴趣爱好，在各种活动中自我悦纳。（2）着力培养学生的学习兴趣和学习能力，端正学习动机，调整学习心态，正确对待成绩，体验学习成功的乐趣。（3）开展初步的青春期教育，引导学生进行恰当的异性交往，建立和维持良好的异性同伴关系，扩大人际交往的范围。（4）帮助学生克服学习困难，正确面对厌学等负面情绪，学会恰当地、正确地体验情绪和表达情绪。（5）积极促进学生的亲社会行为，逐步认识自己与社会、国家、世界的关系。（6）培养学生分析问题和解决问题的能力，为初中阶段的学习生活做好准备。

4. 初中段

初中年级心理健康教育的内容主要包括：（1）帮助学生加强自我认识，客观地评价自己，认识青春期的生理特征和心理特征。（2）适应中学阶段的学习环境和学习要求，培养正确的学习观念，发展学习能力，改善学习方法，提高学习效率。（3）积极与老师及父母进行沟通，把握与异性交往的尺度，建立良好的人际关系。（4）鼓励学生进行积极的情绪体验与表达，并对自己的情绪进行有效管理，正确处理厌学心理，抑制冲动行为。（5）把握升学选择的方向，培养职业规划意识，树立早期职业发展目标。（6）逐步适应生活和社会的各种变化，着重培养应对失败和挫折的能力。

5. 高中段

高中年级心理健康教育的内容主要包括：（1）帮助学生确立正确的自我意识，树立人生理想和信念，形成正确的世界观、人生观和价值观。（2）培养创新精神和创新能力，掌握学习策略，开发学习潜能，提高学习效率，积极应对考试压力，克服考试焦虑。（3）正确认识自己的人际关系状况，培养人际沟通能力，促进人与人之间的积极情感反应和体验，正确对待和异性同伴的交往，知道友谊和爱情的界限。（4）帮助学生进一步提高承受失败和应对挫折的能力，形成良好的意志品质。（5）在充分了解自己的兴趣、能力、性格、特长和社会需要的基础上，确立自己的职业志向，培养职业道德意识，进行升学就业的选择和准备，培养担当意识和社会责任感。

第二章

班级心理辅导
——不需要考试的课程

在教育部早期的文件里，心理健康教育是被纳入德育范畴的，课程名称为"心理健康教育活动课"。在中小学心理健康教育课程化的进程中，教育学界、心理学界的研究进一步深入，研究者们纷纷著书立说，于是，中小学心理健康教育的课程名称慢慢倾向于叫"心理辅导活动课"，更进一步叫"团体心理辅导""班级团体心理辅导""班级心理辅导"。本书选择"班级心理辅导"的称谓，以显示其独立的学科性。

第一节　班级心理辅导概述

很多中小学教师发现，心理健康教育活动课与中小学道德与法治课的内容略有重叠，这是因为新一轮课程改革在修订教材时，有意识地将心理健康教育的内容编排到中小学道德与法治教材之中。随着心理健康教育活动优质课比赛、心理健康教育课教坛新秀比赛等活动的举办，再加上课堂教学改革的推进，心理健康教育活动课与中小学道德与法治课，不仅在内容上而且在授课方法技巧上存在着融合的趋势。

一、班级心理辅导概念

因为心理健康教育是从德育范畴内独立出来的，所以有必要首先弄清心理健康教育与德育的关系。德育是一种教导的过程，以"榜样引领、示范教学、灌输说教"等为基本手段，指向整齐划一的道德规范与行为。而心理健康教育更强调"接纳与同感"，以尊重、理解为首要条件，不注重说教、劝导，而是通过讨论互动、助人自助的方式选择适合自己的个性化的方法，所以，班级心理辅导没有标准答案，无法考试也不需要考试，追求的是个体的差异性成长。在中国，德育与心理健康教育密切相关，但不能等同；可以互相补充，但不能互相替代。

笔者认为，中小学心理健康教育的课程名称为"班级心理辅导"更为符合心理学学科的本意。更重要的是，无论是理论基础，还是操作技巧，还是实际功效，"班级心理辅导"这一名称更贴切。

班级心理辅导源于1907年美国一所高中开设的职业与道德辅导课，该课程强化了师生关系，协助学生探索自己的需求、兴趣等，发展实践抉择能力。

班级心理辅导，是在学校以班级为单位的团体情境下进行的一种心理辅导，运用团体动力学原理，由受过专业训练的心理教师，主要通过心理学、教育学等专业的技巧和方法，协助整个班级的学生在心理互动过程中，探索自我心理、尝试改变行为、学习新的积极行为方式、改善人际关系，从而获得成长过程中所需要的心理学知识与技能，最终缓解心理压力、解答心理困惑、预防心理问题的产生。所以，学生在参与班级心理辅导的过程中，能够得到心灵成长，增强适应能力，加快自身发展。

班级心理辅导是团体心理辅导的一种，本书第四章将介绍另外一种团体心理辅导——小组心理辅导。班级心理辅导与小组心理辅导是目前学校心理健康教育比较缺少的部分，需要大力加强。关于这两种团体心理辅导的论述，是本书的创新。

二、班级心理辅导的优势特征

（一）开展班级心理辅导的必要性

在当下的中国学校，开展班级团体心理辅导是可行的，而且是必需的。首先，班级是稳定而可靠的群体，无论民办、公办的学校，班级建制基本上在20-50人。其次，班级中的学生有不同的生活背景和经历，有不同的性格、爱好及身心发展程度，对团体有不同的需要与期望，这种个体差异性为团体心理辅导主题的交流、人际吸引提供了资源与基础。第三，班级中的学生都处在相似的身心发展阶段，面临着共同的发展课题，有着类似的成长困扰，成长中的青少年更关注同伴对自己的评价，更容易接受来自同龄人的反馈和建议，这种共性也适宜进行班级心理辅导。第四，班级心理辅导符合在校中小学生的身心发展特点，中小学生既渴望了解自己，也渴望与同龄人交流，但又有着不成熟的"羞怯"以及独立性发展所带来的"怀疑权威"，这种特质更容易让青少年在团体中展示与表现自我，更容易接受班级心理辅导者的引导，更容易受到班级心理辅导的积极影响。

（二）班级心理辅导的目标和机制

班级心理辅导的目标一般有三个层次：第一是预防，第二是矫治，第三是发展，而且预防性、发展性目标重于矫治性目标，即重视防患于未然，不是只有学生出现了严重的心理障碍才需要进行班级心理辅导。借鉴樊富珉等学者的观点，班级心理辅导机制可概括为两点：第一，班级心理辅导非常重视营造自由而安全的团体氛围，这是团体心理辅导有效运作的基础。第二，班级心理辅导在以下四大方面促进了学生个体的改变和成长：在团体中获得情感的支持、尝试积极的体验、发展相应的行为、重建理性的认知。因此，相较于个体心理辅导，班级心理辅导的优势主要在于为学生提供与其他同学一起尝试与体验新行为的环境，有助于学生相互学习与自我探索，而且就学校管理而言更方便操作。

（三）班级心理辅导的优势特征

班级心理辅导还具有三个显著特点：第一，时间更经济，效益更高。如果不是受条件限制只能在本班教室中开展班级心理辅导，那么笔者更提倡在学校的团体心理辅导室进行班级心理辅导，这样可以最大限度地提供独特的心理体验，更有效率地推动班级心理辅导进程，达到心理辅导效益最大化。这是班级心理辅导最大的优势特征。第二，学生团体易形成较大的团体动力，以一种支持性的氛围来推动班级心理辅导进程，相当于整个班级就是一个助人自助的集合。第三，能给予学生多重的支持。相较于个体咨询式的"一对一"，班级心理辅导是"一对多"乃至"多对多"的心理辅导形式，存在多重人际关系，包括心理辅导者与学生的关系，学生之间的支持关系，因此学生可以在同一时间内获得多重支持与帮助。

三、班级心理辅导的功能与发展趋势

（一）班级心理辅导的功能

实践证明，班级心理辅导可以发挥如下功能：第一，宣泄与升华。在班级心理辅导所营造的安全、自由的氛围下，学生能够充分倾诉自己的烦恼、困惑、问题，宣泄自己各种负面情绪，通过团体动力，每个学生都能尝试探索解决自己的问题与烦恼的方式方法，最终达到情绪、情感调适的目的。第二，引领与指导。心理辅导者的角色定位不是灌输知识的教师，而是引导者、开导者。比如，事先首肯学生的任何想法都是有理由的、很自然的，由此而产生的情绪哪怕消极情绪都是正常的。在学生悦纳自己的前提下，辅导者进行开导、引领甚至指导。第三，分享与交流。在班级心理辅导过程中，学生个体、小组、全班进行充分交流，辅导者鼓励任何表达。第四，训练与帮助。在班级心理辅导过程中尤其是结束环节，都有训练的设计安排，因为有时认知改变相对容易，但真正落实到行动达到所谓知行合一则较难，在辅导过程中迈出行动的关键第一步，才能促使学生日常行为的改变。

（二）班级心理辅导的发展趋势

笔者认为，班级心理辅导有以下四大发展趋势：第一，班级心理辅导的目标由问题导向转为发展和预防导向并重，不只是针对所谓问题学生群

体进行心理辅导，而是更加关注所有个体的需求与差异发展。第二，班级心理辅导的设计更为成熟，团体心理辅导活动会越来越丰富，也越来越有层次性。第三，对团体心理辅导的指导者即心理健康教育教师的培训会更加专业化。第四，更注重对班级心理辅导效果的评估，会把适合的心理测试应用到班级心理辅导中。预测发展趋势，其实也是对班级心理辅导未来发展方向的积极倡导。

第二节　班级心理辅导的理论依据

班级心理辅导的理论基础,主要是指在团体心理辅导活动的环节安排上,应该遵循的相关心理学理论与规律。本节选择最具代表性的三种理论进行介绍。

一、团体动力学理论

团体动力学理论于 20 世纪 30 年代末期创立于美国,创始人是犹太裔心理学家库尔特·勒温(Kurt Lewin)。20 世纪 90 年代初,团体动力学理论与班级心理辅导一起被引入我国。此后,我国的心理咨询工作者和研究者对团体动力学理论进行了大量的本土化研究和改造。

场论是团体动力学的理论基础。场论把人的心理和行为视为一种场的现象,随着动力场的千变万化,人的心理和行为也随之变化。勒温把团体视作一个动力整体,注重团体的内在动力。勒温通过一系列心理学实验证明:整体比部分更重要,因为群体作为一种由内在的关系组成的系统,其影响力或其作用远远大于孤立的个体;在群体中生活的个体,不仅受制于个人生活空间,而且也受群体心理场的制约。

团体动力学理论的研究者们用实验数据证明,团体内在的动力能够促使团体成员之间相互交往与作用，从而达到影响与训练团体成员的目的。因此，真诚、温暖的团体气氛，有助于人与人之间建立良好的关系，在互相关心和帮助中克服恐惧、焦虑心理，建立安全感；在这样的团体中，可以使人更加开放自己，增进相互了解，在沟通交流中取长补短。

班级心理辅导尤其关注团体动力，注重激发团体动力，所以，团体动力学理论成为班级心理辅导首要的理论依据。

二、社会学习理论

美国心理学家阿尔伯特·班杜拉（Albert Bandura）提出的社会学习理论，主要包括观察学习理论、交互决定理论、自我调节理论、自我效能理论等。班杜拉着眼于观察学习和自我调节在引发人的行为中的作用，重视人的行为和环境的相互作用，提出要在自然的社会情境中而不是在实验室里研究人的行为。

班杜拉指出，学习是直接经验学习和间接经验学习的综合，观察他人的行为及其结果有替代强化的作用。人从一出生就处于不断成长及改变自身的过程中，人的潜能随着对社会的适应与再学习而不断增长。班杜拉主张把依靠直接经验的学习和依靠间接经验的学习（观察学习）综合起来说明人类的学习，强调人的思想、感情和行为不仅受直接经验的影响，也受间接经验的影响，强调行为与环境的交互作用，强调认知过程的重要性，强调观察学习，强调自我调节过程。班杜拉指出，行为个体和环境是你中有我、我中有你的，不能把单独某一个因素放在比其他因素重要的位置，尽管在有些情境中某个因素可能起决定性的支配作用，这种观点被称为"交互决定论"。

班杜拉的研究成果，尤其是他的自我调节理论、自我效能理论，给班级心理辅导过程中改变学生的不适当行为提供了理论依据和方法支持。

三、人际沟通理论

人类社会必须进行人与人之间的互动与交流，这就是沟通。沟通的概念使用广泛，从个人的信息传递，到大众传播及其影响，再到大规模社会文化的交流交融等，都可以用沟通的概念来解释。人际沟通是指人与人之间使用语言或非语言的符号系统，进行交换信息、表达感情、传达思想和需要的交流过程，是人际交往的前提条件和重要形式。

班级心理辅导过程虽是一种教师与学生之间、学生与学生之间在班级里人际沟通的过程，但这种人际沟通不是随意的、无目的的。心理健康教育教师需要掌握人际沟通的相关理论及具体技巧，这样才能有助于把握班级心理发展的过程，才能更好地与班主任一起有效地引导班级健康积极发展。

社会心理学范畴的人际沟通理论与实践，其实也是团体心理辅导的重要内容之一，尤其是在"互联网＋"时代人与人之间越来越缺少面对面联系的背景下。人际沟通的能力需要自然习得，通过实践才能掌握，而不是在虚拟的时空中养成，也不是可以一蹴而就的。

第三节 班级心理辅导的操作技术

班级心理辅导的操作技术，包括如何选择班级心理辅导的内容与如何运用一些辅导方法。前者可以根据学生成长过程中的关键主题来选定，也可以根据不同年级学生容易发生的主要心理问题来选定；而班级心理辅导的方法，包括流程步骤、操作技巧与评价要点三个方面的方法。

一、班级心理辅导的内容选择

教育部印发的《中小学生心理健康教育指导纲要（2012年修订）》，精选出中小学生心理发展过程中的教育内容，小学低年级段5项、中年级段5项、高年级段5项，初中6项，高中5项，总共26项教育内容，供学校参考选择。本节精选在实际学习、生活中比较常见的中小学生心理问题进行讲解。

（一）按主题分类

1. 矫正性辅导主题

从矫正的角度出发，中小学生最容易出现的心理健康问题主要有以下三类：第一类是考试焦虑问题；第二类是性意识、性认知发展与完善问题，小学阶段的案例详见本书第四章第三节；第三类是心理危机问题，学校心理危机识别与应急干预方面的内容详见本书第七章。

2. 发展性辅导主题

从学生发展的角度来说，学校心理健康教育主要是防患于未然。发展性内容的辅导主题，主要为以下六类：第一类是关于自我意识的发展与培养，高中阶段的案例见本章第四节；第二类是人际交往技巧训练，第三类是学习辅导策略开发，这两类辅导案例在中小学生心理健康教育相关图书中讲述较多，本书不再赘述；第四类是情绪情感认知与调节能力训练，案例见本章第四节；第五类是个性品质的培养与训练，这类辅导要想取得较好的效果，必须进行个性化的训练；第六类是选择与决策能力训练以及合理消费观念与行为的培养，这一类辅导是为人生走向幸福奠基，这也是学校心理辅导目前最缺乏的内容，详见本章第四节最后一个案例——给时间"切蛋糕"。

（二）按学段分类

美国心理学家埃里克森（E. H. Erikson）提出发展心理学"八个阶段"理论，他认为人的一生分为八个阶段，每个阶段都有发展任务要完成，而且所有人都要经历这些阶段，且有不能颠倒的固定顺序，因为人的每个发展阶段都有一个中心问题或危机必须解决。以下是不同阶段常见的学生发展性心理健康教育主题。

1. 小学三个阶段的发展性内容

小学时期分为低、中、高三个阶段，分别有以下发展性心理健康教育主题，如表 2-1 所示。

表 2-1　小学生发展性心理健康教育主题

学段	发展性主题 1	发展性主题 2	发展性主题 3
一到二年级	小学入学适应性问题	良好学习习惯的关键期	感觉统合能力培养的敏感期
三到四年级	智力发展第二个高峰期	人际交往能力的培养	感觉统合能力培养的最后敏感期
五到六年级	个性发展的关键期	小学与中学的衔接	青春期初期的困惑与焦虑

2. 初中阶段的发展性内容

初中阶段是学生情绪和情感发展的敏感期。首先，要注意协调学生的人际关系，如引导女生正确应对"传闲话"，引导男生巧妙化解矛盾。其次，要预防打群架、"单挑"等暴力行为引发校园危机。再次，要帮助学生合理定位，引导学生有效应对考试焦虑。表2-2所示，为初中生主要的发展性心理健康教育主题。

表2-2 初中生发展性心理健康教育主题

学段	发展性主题1	发展性主题2	发展性主题3
初一	初中入学适应性问题，主动构建具有建设性的班级和课堂环境	自我中心意识迅速发展引起的人际关系问题	情绪和情感发展的敏感期
初二	学业分化问题	青春期恋情问题	亲子关系、情绪和情感发展的敏感期
初三	学习压力和学习挫折	中考指导和考前心理调节	亲子关系、情绪和情感发展的敏感期

3. 高中阶段的发展性内容

高中阶段依然是情绪和情感发展的敏感期，主要发展性心理健康教育主题如表2-3所示。

表2-3 高中生发展性心理健康教育主题

学段	发展性主题1	发展性主题2	发展性主题3
高一	高中入学适应性问题	人际关系进一步复杂化成为新的成长危机	情绪和情感发展的敏感期
高二	由选课带来的实质上的学习两极分化的危机	学习压力和考试焦虑	情绪和情感发展的敏感期
高三	生涯规划主题：人生理想、目标及走向成熟的关键期	人生挫折教育	情绪和情感发展的敏感期

二、班级心理辅导的流程步骤

班级心理辅导的设计必须遵循团体心理发展的阶段顺序，但是又不同于一般的社会上成人团体心理辅导。因为，相较于社会上的成人团体，班级团体的成员相互熟悉，有一定信任感，并且知道团体心理辅导的规范等。当然，我们可以借班级上公开课或者比赛课之机，完成团体心理初建阶段的相互介绍和团体契约环节。一般来说，班级心理辅导流程至少有以下四个阶段或步骤。

（一）起：团体心理引入阶段

在引入阶段，利用导入环节引发学生参加本次主题活动的兴趣，创设师生互相信任的氛围，调动学生积极性。根据实践经验，学生喜欢的引入方式主要有动画、视频、图片、录音、各种游戏等。

> 注意：由于一节课的时间有限，这些引入活动尤其是游戏必须与本次辅导主题相关。

（二）承：团体心理宣泄阶段

在宣泄阶段，针对本次团体心理辅导的主题，学生充分倾诉、宣泄，呈现或者暴露所有的心理问题及行为。心理健康教育教师在宣泄阶段不进行是非或道德判断，而是鼓励各种表达。即使是高尚的、道德的做法或想法，也不能对学生进行表扬，但是可以适当穿插"哦，原来你是这样想的""噢，当时是这样的呀"等中性语句。教师最好的做法是，肯定所有心理（不管是正面的还是负面的）的产生都是很自然的，也是很正常的，都是有个体内在心理逻辑的。这样做可以给予存在心理问题的学生以安全感，让他们感到被接受，只有这样他们才能公开而充分地倾诉。

这是班级心理辅导的独特性所在：尊重个体差异，不强调整齐划一的标准。只有班级里所有学生的所有消极心理得到尽情宣泄，所有负面认知都暴露出来，无所谓对错，都被心理健康教育教师摸底掌握，才能进入下一个环节。

> 敲小黑板指出：心理健康教育教师要永远营造一种说真话是安全的心理氛围。因为无论什么主题的班级心理辅导，都有一个共同的活动内容——"认识自我、悦纳自我"，一切改变都是从班级接纳开始的，然后才能进行价值观澄清。

（三）转：团体心理转换阶段，也称工作阶段

在转换阶段，通过游戏活动、互动讨论等方式方法，同学们能转换认知，彼此接纳各自的问题，相互帮助解决问题，也会将各自从班级心理辅导中获得的感悟、认知提升转化为自己行为和人格的改变。设计心理辅导转换阶段的活动，因团体心理辅导主题而不同。主要通过心理学、教育学的各种技术、手段、方法，对班级学生进行认知重建，进行解决心理问题的行为训练。在某种程度上可以说，不同主题的班级心理辅导的最大差异就在于转换阶段的活动设计。活动设计得是否条理清晰、构思巧妙、逻辑严谨，体现出辅导者的水平高低。

（四）合：团体心理融合阶段

班级心理辅导的融合阶段也是结束阶段，本阶段主要进行经验总结、认知提升、及时反馈、小结延伸等活动，并通过这些活动评估班级心理辅导的实效。回顾与总结的重点内容：班级总体得出了什么结论？自己有哪些有效、有用的心得与收获？自己未来还有哪些拓展计划与行动？

结束阶段的活动方式，不推荐习惯上常用的由心理健康教育教师进行总结的方式，而是推荐由学生自己总结，包括个人总结、小组总结、班级中个人汇报总结、班级中小组汇报总结四种形式，每一种形式都可以写一写、画一画、说一说，如写凡人名言、画未来展望、说感悟等。此外，个体自我体验总结后就结束也是可以的。

三、班级心理辅导的基本技巧

适用于个体咨询的辅导方法及技巧，也适用于班级心理辅导，如尊重、无条件接纳、同感等，这里重点介绍班级心理辅导的独特技巧。下文中的第（一）（二）项，是笔者在参与了千余节班级心理辅导比赛课以后的经验总结，第（三）项是心理学专家总结的理论观点。

（一）多层面、多结构的活动设计技巧

1. 讨论分享。每一个团体心理辅导活动都需要讨论，并通过讨论形成团体共识，多运用于心理问题呈现、宣泄阶段或者心理转换阶段，一到两次为宜。三次以上的讨论，一节课的时间来不及，而少于两分钟的短暂讨论则是无效的形式主义。

2. 小品表演。这是学生们喜闻乐见的形式，可以提早布置排练好，也可以即兴表演。一般用在引入阶段或者宣泄阶段，或者作为引入阶段的导入环节。让学生进行生动有趣的表演，除了培养学生的能力，还可以节省教师做课件、录制音频或视频的大量时间，教师只要当一个导演即可。

3. 心理剧。这也是学生们喜欢的形式。跟小品表演不同的是，心理剧侧重于内心的独白，呈现丰富的心理活动，这是心理学科独特的方法，需要精心编写剧本以全方位呈现学生心理问题。

4. AB剧。指剧本中事件的发生有AB两种选择、两种演变方式，产生两种不同的结果。这是一种有趣的实验，AB两种剧情可以由两名同学分别表演，一人表演也可以，只是难度相对较大，也可以让更多学生上台即兴表演更多的发展结局。

5. 故事演绎。故事永远是有效教育的法宝、引人入胜的法宝。在转化、工作阶段，运用生动的故事能够启发学生思维，转变团体心理辅导的节奏。

需要注意的是，故事一定要与辅导主题相关。讲故事的人不要拘泥于心理辅导老师，也可以是同学，是录音，是漫画，是图片等。

6. 游戏。游戏的方式在小学阶段经常使用，心理健康教育曾经也叫"心理健康教育活动课"，就是突出游戏活动在心理健康教育过程中的重要作用。但是在一次辅导活动中，所设计游戏的数量要因学段不同而有差异：小学阶段建议多用，设计2-4次游戏活动都没问题；初高中建议1-2次为宜，要设计少而精的游戏，而不是闹哄哄的无效游戏。

7. 辩论活动。辩论活动比较适合中学阶段。对一些似是而非的命题或者比较宏大的课题，在一次班级心理辅导中可以用20-30分钟时间开展辩论。座位的摆放最好也要符合辩论的气氛，可以按照国际大专辩论赛的模式，四位辩手后面是支持其立场的同学，主持人是老师或者同学。笔者组织过"青春期友谊与爱情"主题的辩论赛，结果证明初中生也能够明辨是非，效果非常好。

8. 影视、音乐。在班级心理辅导中播放影视片段，能很快吊起学生的胃口，激发兴趣，使学生的注意力更加集中，一般运用在引入阶段或转换阶段。在班级心理辅导中，音乐简直可以无处不在。教师应该准备一些或节奏舒缓或节奏迅疾的乐段，根据不同心理辅导的需要从中选择为背景音乐。当然，也可以根据主题需要准备乐段，如贝多芬的《命运交响曲》《英雄交响曲》等振奋人心的曲子，可以渲染气氛。

9. 技能训练。这是心理辅导不能缺少的环节，通过技能训练达到知行合一。其实，有时改变认知容易，大道理人人都懂，但是落实在行动上就会有很大落差，有的学生就是迟迟不能迈开这关键的第一步。因此，在班级心理辅导的最后环节，一定要设计技能训练的环节，比如人际沟通技能训练、注意力训练，就是要真实操练技能。情感情绪调适的主题既可以在课堂上训练，也可以布置心理作业作为课后拓展训练。

（二）辅导过程中点评的技巧

在班级心理辅导过程中，要注意营造尊重、民主、赞赏、鼓励的氛围，营造讲真话不会遭到嘲笑、批评的氛围；要注意保护学生的表达欲望，让学生在宣泄阶段的任何观点、任何表达都不会被道德评判；特别需要频繁地、有针对性地、富有变化地表扬学生，如果表扬能做到以上这三点，基本就能形成畅所欲言的气氛。

不建议使用的教师点评语言主要有：直接的指导和引导——"你们应该"，简单的判断和评价——"我认为"，空洞的说教和劝诫——"必须""务必""切记""一定要""记住"，任意贴标签和诊断——"你们有×××症"，虚弱、不切实际的保证——"你们会"，消极排斥的情绪——"你们不应该有这种心理"。

即使是错误的观点，教师点评的正确方法也应是先表达同感，再进行适当引导。表达同感的语言可以是："你认为/你觉得原来是这样的，这个很正常""当时你是这样想的""原来是这样考虑的""你也是有理由的""当时的情况是这样的""情急之下，实在没有办法"，等等。

笔者曾给初二的学生进行考试焦虑心理辅导，班主任老师随堂听课后，很吃惊地说："真的没想到，今天一直在举手、发言的一男一女两名同学，以前在班级里从来不开腔的，每天低着头。"除了用小便签做发言的奖品外，我只不过是没有带"有色眼镜"，充分运用了鼓励表扬的三个要点，创造了宣泄倾诉的良好气氛，形成了积极向上的团体动力。

（三）心理学专家推荐的操作技巧

美国心理学家卡纳思·贝纳（Kenneth Benne）和保罗·希茨（Paul Sheats）提出，在团体心理辅导的两个阶段，可以使用14项技巧。

1. 在团体心理辅导初始阶段，可采用以下6项技巧。

（1）鼓励：用温暖、关爱的态度对待团体成员。

（2）调停：允许有不同的意见并进行协调，使团体发言能继续进行。

（3）守门：努力让所有的成员都能发言，并分配每个人的发言时间。

（4）制订规则：制订团体规则，包括时间、团体伦理守则等。

（5）跟从：注重此时此地，及时处理团体中发生的问题。

（6）消除紧张：努力减少成员的沉默与尴尬等负性情绪，并将关注点由不愉快的事件转移到愉快的事件上。

2. 在团体心理辅导过渡和成熟阶段，可采用以下 8 项技巧。

（1）开始：鼓励新观念，提议新活动，能使团体充电，成员更投入。

（2）意见给予：尽量给出正向的建议或信念，避免相互攻击，带领团体走向正向的发展之路。

（3）澄清：讨论存在的问题与澄清相关观念。

（4）经营：扩大班级已有的团体动力。

（5）居中调整：澄清不同观念间的因果关系，并加以整合。

（6）定向：随时检查是否遵循团体心理辅导的目标，不忘初心。

（7）探测：在进行过程中了解班级的心理现状，以便确认是否进行下一个步骤或活动。

（8）摘要：提纲挈领地整理学生的反馈或活动的结果。

（四）班级心理辅导的两个雷区

遗憾的是，当前的班级心理辅导教师往往忽略了团体心理辅导的核心和灵魂，即形成团体动力。无法形成团体动力的主要原因，大多是辅导过程设计走向了两个极端：一个是互动缺乏，只是师生之间单向互动；一个是互动过度，热闹有余，学生思考与提升不足。

如何走出这两个雷区？就是要依托团体动力学这个理论基础，采取一些针对性措施。团体动力学有着丰富的内容，心理健康教育教师作为团体领导者，首先要创设理解、温暖的团体心理气氛，以使班级成员有强烈的安全感、归属感。其次，心理健康教育教师要深入了解学生的心理困惑与元认知水平，可以事先对学生的心理状况进行测评调研。第三，心理健康教育教师要精心设计心理小品等各种学生喜欢的活动，使学生的心理问题得以真实呈现。第四，心理健康教育教师要在肯定"有心理问题是正常的"基础上，开展认知矫正型心理辅导。最后，心理健康教育教师可以有针对性地选择促进团体成员发展的游戏训练，建议要适宜、适度地进行分层训练。

四、班级心理辅导的评价要点

在心理健康教育优质课的层层评选过程中，评价主要有两方面，即对教师递交的纸质文本设计（教案设计）的评价和对教师现场教学过程的评价。

（一）班级心理辅导的教案设计评价

班级心理辅导的教案设计评价，建议考虑以下三方面：

1. 辅导理念的学科性

班级心理辅导的顶层设计要顺应学生身心发展规律，体现心理学科的主要特色，要符合心理学原理，而不是完全等同于教育学原理。

2. 辅导目标的针对性

要根据本班学生的心理特点，有针对性地设定辅导目标，拔高或者降低辅导目标都是不恰当的做法。比如，初中生在进行学会合作的心理训练过程中，由于游戏过于简单，学生就会敷衍老师，甚至现场出现起哄的现象。

辅导目标的针对性，既包含辅导主题的共同性，又包含辅导对象的全体性，即选择的主题是班级学生共同的心理问题或者成长过程中的共同困惑，而不是个别的心理障碍。比如单亲家庭孩子的心理问题不适合小组心理辅导，强迫行为的矫正也不适合在班级进行团体心理辅导。

3. 辅导方式的民主性

辅导过程中设计各种活动要注意发挥学生的主体性作用。还要注意辅导活动的民主性，以往辅导教师喜欢扮演"一言堂"绝对权威的角色，现在需要特别强调教师的辅导者、引导者、开导者的角色。

（二）班级心理辅导的教学过程评价

1. 教学过程评价标准

对班级心理辅导教学过程的评价，笔者建议以下四条评课标准，每条标准可以根据不同主题分配不同的权重。第一，活动设计脉络是否清晰。第二，活动过程中的气氛是否和谐。第三，辅导技术使用是否得当。第四，辅导效果是否明显。

2. 教学过程评价原则

在评价过程中，要注意综合使用以下五条评价原则。第一，只讲得失，不论成败。第二，突出重点，抓大放小。第三，集思广益，多元互动。第四，注重过程，再观后效。第五，求同存异，各取所需。

需要提醒的是，纸质文本设计（教案设计）基本看不出整个班级心理辅导过程中的互动性原则，情感共通只有在真实的班级心理辅导现场才能感受到。

第四节　班级心理辅导范例

一、高中班级心理辅导范例——I am I, I am better。

【辅导主题】学习如何正确地进行自我评价与自我调整。

【辅导对象】高中一年级学生。

【辅导目的】

1. 认知目标：能够正确看待自己的优点与不足。

2. 能力目标：掌握几种树立自信和扬长避短的技巧，提高自我评价和自我调整的能力。

3. 情感目标：能够悦纳自我，发挥自身优势，寻求自信的支撑点，体验积极的情绪情感。

【辅导过程】

辅导环节一：课前收集信息，发现心理问题。

课前五分钟，发下问卷调查表格，请学生填表，教师作简易统计。

辅导环节二：发现自我独特性，产生自豪感。

1. 教师自我介绍，初步说明每个人外貌的独特性。

师：大家好，我是你们新的心理辅导老师。下次我们再见面，你还能认出我吗？（生：认识。）

师：为什么？（随手指着一个女生）我和她长得一样吗？（再指另一个女生）那我和她呢？那她们两个人长得一样吗？（生：不一样。）

2. 出示资料，组织学生讨论，揭示生命的可贵性。

师：看来我们要为自己的容貌自豪，因为我们每个人都是整个地球70多亿人口中独一无二的。再来看一组数据，说说你们自己的感想。

学生小组讨论，得出结论：我们应该为自己感到自豪，既然以胜利者的身份来到世上，更应该以积极的心态迎接更好的自己。

师：今天就让我们来认识自己，提高自己。（出示课题：I am I, I am better）

辅导环节三：认识优点与不足，学习自我接纳。

师：我们每一个人都独一无二，都具有唯一性。可惜的是，在课前的问卷调查中，有很多人对这个或者那个地方不满意。现在的你们就像以前的亨利，先听听他故事。

1. 故事讨论：《亨利的改变》的启示。

（1）听故事：《亨利的改变》（故事主旨：对同一事物的不同看法能发挥不同作用）。

（2）生讨论：从这个故事中，你获得了什么启示呢？

（3）师小结：当你相信自己时，成功就会发生！不要为现在的不好而苦闷，更不要忧伤，只要你相信自己会成功，只要你努力去做，你必将成功！所以，同学们，请用铁墙把过去关闭，我们要生活在今天。从今天做起，从现在行动，相信自己！你就一定会拥有一个比你想象中更美好的明天！

2. 剖析自我，从不同角度认识自己。

（1）在纸上写下自己的优缺点，用"虽然+优点,但是+缺点"句型表达。

比如：我虽然表达能力强，但是记忆能力差。

（2）用"虽然+缺点，但是+优点"句型表达。比如：我虽然记忆能力差，但是表达能力强。逐步加大音量，大声朗读四遍，说说不同的感受。

（3）学生得出结论：同一个事物的着重点不同，会产生不同的影响，积极的或是消极的，停步不前的或是勇往直前的。

辅导环节四：开展头脑风暴，自我探索。

1. 学生反省

（1）在我的优点中，哪些已经得到了充分发展？我是如何在学习和生活中利用和发挥这些优势的？

（2）哪些优点很容易被我忽视，还需要在以后的学习和生活中加以充分发挥？这样的状况到底对我产生什么影响呢？

2. 小结

（1）每个人身上都有非常珍贵的东西，有人善于发现，有人善于利用，因此他们有更多的成功机会，也塑造了自信的自己。有人却没有注意到，因此他们更容易遭受挫折，也降低了自己的信心。

（2）优势和自信不是我们一出生就具备的，而是在生活中逐渐形成的，需要在实际行动中去巩固和发展。

辅导环节五：游戏转换思路，自我调整。

师：是的，人无完人。我们应该怎样把"虽然……但是……"的句型换成"不仅……而且……"呢？（我不仅记忆能力不差，而且表达能力强。）

1. 游戏体验："凭眼力选气球"。让学生凭肉眼判断教师手里的四个颜色和大小均不同的气球，哪一个能飞得高。

引导学生得出结论：气球能升起，不取决于气球的颜色、形状与大小，而取决于气球内是否有空气；同样，人是否能成功，不取决于他的种族、外貌和出身，关键是他能不能改变自己的内在，包括气质、学识、理解力以及记忆力等。

2. 在自身的缺点里选出能克服的,用"虽然……但是……改变……所以……"造句,默读四遍,进行积极自我暗示。

3. 小组讨论,帮助自己和组员设计"变短为长"的具体措施。

4. 学生反馈,教师总结:信心和恒心是法宝。

辅导环节六: 回顾总结升华,结束活动。

1. 学生讨论总结本课内容,说说情感体会。

2. 教师以课件形式出示"教你一招",补充提供自我调整的四种方法。

3. 集体朗诵诗歌《更好的自己》,结束活动。

【辅导资料】

资料一 问卷调查:你对自己哪些地方不满意?请打"√"(可多选)。

A. 身材　　　　B. 容貌　　　　C. 气质　　　　D. 记忆力

E. 人际关系　　F. 知识面　　　G. 反应能力　　H. 其他

请你对现在的自己打分(满分100分):_____

资料二 生命来之可贵。我们人类的诞生是从卵子和精子的结合开始的。男性的一次精液中大约有2亿至5亿个精子,众多精子蜂拥向前,奔向卵细胞,但是一般只有1个最有活力最有能量的精子能进入卵细胞,形成受精卵。在未来的大约280天里,这个受精卵要经受重重考验(比如声音、震动、食物的刺激等),正常发育才能成为新生儿来到这个世界。

资料三《亨利的改变》

亨利30多岁了,仍然一无所成,每天唉声叹气。直到有一天,一位好友告诉他:"我看到一份杂志里讲拿破仑有个私生子流落到美国,这个私生子又生了个儿子,特点跟你一模一样,个子很矮,讲的是带法语口音的英语。"亨利半信半疑,但他拿起那本杂志琢磨半天后,终于相信自己就是拿破仑的孙子。从前,他因自己的个子矮而自卑;如今,他欣赏自己的就是这一点，因为爷爷就是以这个形象指挥千军万马的。以前，他觉得自己英语讲得不好，现在他为带有法语口音而自豪。

亨利整个人发生了变化，比如遇到困难时，他会认为，在拿破仑的字典里没有"难"字。就这样，亨利凭着自己就是拿破仑孙子的信念整天忙碌奔走，多年后终于成为一家大公司的董事长。后来，亨利请人调查自己的身世，才知道他并不是拿破仑的孙子，但是已经无关紧要，重要的是亨利懂得了一个成功的秘诀："当我相信时，它就会发生。"

心理学家贝克尔说：人一旦被贴上某种标签，就会按照标签所提示的内容去塑造自己。自信的建立，应从改变对自己的认知开始，要形成一种积极的能力定位。

资料四 《自我调整的四种方法》

1. 一条界线——为自己的能力画一条界线。不要以为自己是超人什么事都能干，尺有所短，寸有所长，如果力所不能及却蛮干，就会在屡屡碰壁之下丧失信心。可以在师长的帮助下，为自己的能力画一条界线，正确估计自己的能量，能完成哪些事，然后再去尽力而为，这样成功率就高了。

2. 一认到底——认定目标，坚持到底。不论你采取怎样的方式方法，贵在坚持。对于别人的意见，有则改之，无则加勉；有建设性的批评，一定要虚心接受，好好反省；对一些恶意的批评，不用理会。总之，在力所能及的范围内，要认定目标，咬定青山，排除干扰，坚持走自己的路，你一定能获得成功。

3. 两个自我——自我欣赏与自我激励。把你过去成功完成的任务或令你骄傲的事件清楚地写在纸上，自我阅读欣赏，多读几遍之后自我暗示："我能行！""我优秀！""我能干！"你将会勇气倍增，相信自己真正有能力！

4. 两个吸取——在失败与错误中吸取教训。人的一生绝不可能一帆风顺，肯定有差错或者经历失败，关键是要从错误与失败中吸取教训，转危为机，反败为胜，以增加宝贵的智慧。因此，我们在人生中不论遇到什么问题，即使是面临失败，也不能灰心丧气。我们要勇敢地正视，善于以积极的态度，寻找解决或者应变的方法。一旦错误得到纠正，问题得到解决，你的自信心将会随之增加。

资料五 诗歌《更好的自己》

倘若不能成为山间的松林，就只做落地的灌木吧；

倘若不能成为灌木，就做小草吧，让道路青翠美丽；

倘若不能成为林荫大道，就做弯弯曲曲的小路吧；

倘若不能成为太阳，就做一颗星星吧，只要能发光发亮。

不能光凭大小来断定输赢，不论做什么，都要做个更好的自己！

只要你相信，并愿意努力改变，坚持下去，就能做更好的自己！

二、初中班级心理辅导范例——我的情绪，我做主。

【辅导主题】学习如何调控情绪。

【辅导对象】初中一年级学生（本范例也适合小学五、六年级学生）。

【辅导目标】

1. 认知目标：认识自己的情绪，并进行分类。

2. 情感目标：体验良好情绪的积极作用、负面情绪的消极作用。

3. 能力目标：能够识别各种情绪，掌握几种调控自己情绪的方法。

【辅导准备】视频、音乐、表演等。

【辅导过程】

辅导环节一：录像导入，观察情绪。

1. 播放"晴晴的一天"生活录像短片。

清晨，晴晴一觉醒来，打开窗户，清新的空气扑面而来，太阳展露笑脸，望着这美好的一切，晴晴开心地笑了。带着这般心情，晴晴来到了学校。下课了，晴晴准备交作业，却找不到自己的作业本，原来是班里的调皮大王觉得好玩，偷偷把她的作业本藏了起来，晴晴很生气。中午，刚刚吃完饭，老师来找晴晴，告诉她，学校要举行演讲比赛，准备让晴晴作为班级的代表参赛，晴晴很激动。晚上，晴晴早早地做完作业，开始准备明天参赛的内容，但想到要在全校同学面前演讲，不由得又有些紧张起来。

2. 请同学们回忆，在短片中，晴晴的心情有哪些变化。

早起天气好——高兴；到校被捉弄——生气；

获知去参赛——激动；备战演讲赛——紧张。

"高兴""生气""激动""紧张"这些不同的心情变化，我们称之为"情绪"。

3. 晴晴的情绪有许多变化，找找原因。

环境、人、事、物能引起人们不同的情绪变化。

4. 游戏：猜情绪。

内容：激动、恐惧、愤怒、烦躁、快乐、轻松。（出示情绪卡）

表演情绪：运用身体语言，或者创设一定的环境，表现情绪。

猜猜情绪：你觉得是什么？是从哪里看出来的？学会初步观察别人的情绪。

辅导环节二：自我体验，分享情绪。

师：这里有个小小气象台，因为我觉得我们的情绪就像天气，有着阴晴雨雪等不同天气，下面，我来把我最近的情绪气象台给大家预报一下。（晴、多云、阴、雨等）

1. 师填表：老师讲述自己的经历，并示范填表（最近三天的心情记录）。

星期六，忙碌了一周，终于可以休息了，而且天气很好，我到公园去走了一趟，觉得身心舒畅，整个人也觉得十分轻松、开心。所以，我要画一个——太阳。

周一,新的一周又开始了,老师和同学们经过两天休息,精神抖擞地来到学校,本以为会是一个好的开始,却有两名同学精力过剩,因为一点儿小摩擦,在教室里大吵大闹,都快动手了。我非常生气——大雨!

周一下午,这两名同学冷静下来后,知道自己太冲动了,俩人不仅自己和解了,还到我这里来认错了。雨止——转晴。

2.生填表(配乐)——每个人自我探索:画好的小组与你们的好朋友分享一下你们的心情。

3.生生互动,分享情绪体验。

辅导环节三:小品表演,角色体验。

阳阳和天天是同班同学,也是好朋友。一天,天天从家里带来了一套新书,兴高采烈地去找阳阳。阳阳正坐在自己的座位上,天天上前拍阳阳的肩,说:"阳阳!阳阳!"阳阳没反应。天天用力拉阳阳的手臂,说:"阳阳,阳阳……"阳阳没好气地说:"干什么呀?"天天拉着阳阳的胳膊,兴奋地说:"你瞧你瞧,这是我新买的书!我们一起看呀!"阳阳甩掉天天的手:"别吵我,你真烦!"天天指着阳阳说:"你,你……"

1.老师现场采访:(1)请说说天天此时的心情(又气又急)。(2)请现场同学谈一谈:如果你是天天,此时会怎么想?会产生怎么样的情绪?(3)根据学生提出的可能会产生的情绪,对其进行大致分类,请所有学生做选择。(A.认为天天不够朋友,没礼貌——生气、愤怒;B.想想天天平时的为人,是不是有特别的原因?——平静)

师:请全班同学根据自己真实的想法,分别站到教室两侧(让所有同学投入到剧情中来)。下面我们就看看,天天在不同情绪的影响下会怎么做,两个好朋友之间的故事又会怎样发展。(AB剧表演)

2. A 剧表演体会。

（1）天天又气又急，带着这样的情绪，接下来会怎么样呢？

天天："阳阳！我好心好意叫你一起看书！你什么态度？"阳阳："什么态度？我就这个态度！怎么样？"天天："等着吧，我以后再也不理你！"阳阳："不理就不理！谁怕谁？"

（师过渡：第二天，天天和阳阳又在教室里碰到了。）

天天扭过头："哼，讨厌鬼！"阳阳翻白眼："哼，小气鬼！"

（2）你看到，这两个好朋友的关系越来越差。

3. B 剧表演体会。

天天轻轻推推阳阳的手："阳阳，怎么了？你心情不好吗？"阳阳叹气。天天："发生什么事情了，能和我说说吗？"阳阳："刚刚试卷发下来了，我考得不好，错了好几道题，都不会做。"天天："别太难过了，考试已经结束了，还是下次更加努力吧。这样吧，你把试卷给我看看，我们一起研究这些题目怎么做吧。"两个好朋友在一起研究试题了。

讨论：两个好朋友之间，和刚刚有什么不一样？为什么会有这样的不同呢？

师小结：A 选择是很自然的，很多人在这样的情况下会产生这样的情绪，但在知道了事情的原因以后，我们可能会觉得 B 选择更加合适。同样的一个故事，如果当时阳阳想的是天天没有礼貌，不够朋友，那么他的情绪可能就会像刚才大家所说的——气愤、难过，而如果他能仔细考虑一下原因，是不是天天有什么事？他的情绪可能就会平静多了。看来，一个人的想法对情绪是很重要的，你怎样想，就会有怎样的情绪。

4. 比喻示范。

杯子——生活　石头——困难、不如意的事情　清水——快乐、轻松、愉悦

（1）师生互动：同学们，这个杯子是我们的生活，生活中常常会遇到一些困难、挫折，这些石头就代表我们生活中不如意、不快乐的事情，我们把石头放进杯子，杯子是否满了？（请学生说，学生答：未满）（继续加石头，直到石头高于杯子，学生认为满了为止。）如果我们的生活中，有这么多不顺心的事，你们的感受是怎样的？（请学生谈）

（2）现场演示：可是，这个杯子真的满了吗？（出示清水）这杯清水代表了我们生活中快乐、开心的事。（将清水缓缓倒入杯子中）你们看到了什么？（学生谈感想）

（3）小结：如果杯子是我们的生活，石头代表着我们碰到的困难，它们沉甸甸地压在我们的心里，如果我们只看到杯子里的石头，那么我们就容易生气、烦躁，但如果我们能换个角度，找找那些空隙，找找事情的另一面，寻找希望，我们就能发现，其实我们身边有许多的快乐。

辅导环节四：寻找方法，内化体验。

1.我们在生活中肯定也会碰到这样那样的事情，可能会让我们感到愤怒、烦躁、悲伤，产生这些情绪都是正常的，但学会控制它们也是必要的。你在生活中尝试过进行调节吗？是用怎样的方法来调节的？小组内交流。

2.把你觉得最好的方法写在你的彩色纸上，尝试七彩方法调节情绪（小组交换）。

3.看看你的七彩宝盒里装的是什么样的方法，请你想一想，这样的方法对你调节情绪有没有帮助呢？能不能举例说说？

4.很高兴和大家一起度过这样的一节课，我非常开心和快乐，也希望把这份情绪带给大家。

三、小学班级心理辅导范例——身体"红绿灯"

【辅导主题】性心理健康教育。

【辅导对象】小学低、中年级学生。

【辅导目标】

1. 认知目标：认识人体的接触界限，明白生活中哪些是不健康的身体接触。

2. 情感目标：树立正确、健康的性心理，善待自己与同学的身体。

3. 能力目标：学会拒绝生活中不良的身体接触，掌握适合自己的应对方法。

【辅导准备】

1. 人体海报、"金钥匙"若干；2. 红黄绿三色卡片和磁性贴；3. 彩色笔若干；4. 辅导前调查、资料的汇总。

【辅导过程】

辅导环节一：谈话引入。

师：大家认识我吗？

师：今天的心理辅导课，跟平常的课不太一样哦。所以，老师想和同学们先做三个约定：第一，心理辅导课上的发言没有对错之分，只要能说出心里话，你就是最棒的；第二，心理辅导课上有很多机会发表自己的意见，他人发言时要学会倾听；第三，今天说的心里话，老师都会替你们保密，希望同学们也要有保密意识，这样大家才能畅所欲言。

师：其实，老师也是第一次在这么大的地方上心理辅导课，有点儿小紧张，谁能来跟我握握手，给老师一点儿鼓励？

师：有了大家的鼓励呀，老师现在有满满的自信，咱们班的同学们也有信心迎接心理课的崭新挑战吗？

辅导环节二：破冰活动。

游戏：亲密接触。

师：老师不紧张了，大家似乎还有点儿紧张，我们来做个游戏放松放松吧！

1.宣读规则：每组派两名同学，组成行动伙伴，随着老师的指令，两名行动伙伴进行相应的身体接触。（男女随机，为课堂差异留出空间）温馨提示：如果对老师所要求的动作感到不舒服时，可以不做。要求：下面没有参加游戏的同学，请仔细观察台上的每组同学，他们都完成游戏任务了吗？

老师指令：你和他是好朋友，摸摸他的头，拉拉他的手，拍拍他的肩，拍拍他的屁股，捏捏他的脸，抱抱他的腰。

2.反馈交流。问观众：台上的每组同学都完成游戏任务了吗？哪组没完成？

问未完成组成员：你们没有完成哪些动作？为什么？

A.同为女生或同为男生组：拉个手、搭下肩、拥抱一下，很正常，但也有些部位是不希望别人触碰的。

B.异性组：男女有别，有些过于亲密的接触，会让人不好意思或不舒服。

师：感谢同学们的参与，请回座。

3.过渡、小结：通过这个游戏，我们发现身体的有些部位是愿意被人触碰的，而有些部位则不愿意被人触碰。这是为什么呢？今天这节课，我们就去探究"身体红绿灯"。板书课题，点击PPT。

辅导环节三：红绿灯互动。

1.师：读读课题吧！说起交通红绿灯，大家都知道红灯停、绿灯行。不过，身体的红绿灯区域到底在哪里呢？我们一起来看看吧！多媒体显示：

红灯区：不允许任何人触碰的地方。

绿灯区：一般朋友或陌生人可以触碰的地方。

黄灯区：较亲密的朋友才能触碰的地方。

2.师：下面我们就来找找身体红绿灯的具体部位。请各个小组长拿出课前发给你的纸，根据老师的提示进行小组讨论，把讨论结果用水彩笔画在纸上。（播放背景音乐）完成的小组请举手示意。

3.交流反馈：请最早完成的小组长上台贴图。组长汇报，别组补充。

A.别组补充时，重点解决黄灯的界定是因人而异的。B.大家对红灯的意见比较一致，是人的胸部和下体，也是穿泳衣、泳裤时被遮盖住的地方。的确，这些区域是我们身体的禁区，如果有人侵犯一定要断然拒绝，即使是自己也不要随意乱摸！给禁区贴图，加重印象。C.如果学生贴嘴，分析东西方文化差异；如果学生贴眼睛，表扬其安全意识。

4.过渡、小结：总之，身体红绿灯和交通红绿灯一样，也要做到红灯停、绿灯行。

辅导环节四：校园红绿灯。

师：老师想起前些日子，有个小姑娘给我写了一封信。（展示一封信PPT）为了保密我隐去了她的真实姓名，同时也征得了她的同意，把信和大家分享。哪位同学来读一读？

学生读：

老师好！我很喜欢上您的课，感觉跟老师很亲近。最近，我有一个烦恼一直困扰着我，就是：班上一个男生撩起我的裙子，一群男生围着大笑，我难受得哭了；还有一个男生经常从后面拉一下我的辫子，也让我很苦恼。妈妈说要向班主任告状；爸爸说，没啥损失，算了，都是同学。我该不该告诉班主任呢？

烦恼的小美

师：听了这封信，大家遭遇过类似的事情吗？你有什么话对她说？其实在校园里有时候会发生这样的事，请看课前的调查。

PPT 展示调查表

亲爱的同学：本次无记名调查无所谓对错，请如实打"√"。

1. 你是否被异性同学触碰过？

  A. 没有 B. 不知道、无所谓 C. 是。部位是____

2. 异性同学也应该友好，可以随便触碰。

  A. 不同意 B. 不知道、无所谓 C. 同意

3. 父母曾经教育你不能触碰同学，对父母的观点，你

  A. 不同意 B. 不知道、无所谓 C. 同意

师：看来大家对身体接触还是有许多烦恼和困惑的，下面就请大家具体来倾诉类似的烦恼，其他同学来当校园小交警，一起来玩"亮亮红绿灯"的游戏。请从信封中取出红绿灯卡片，如果你能接受这种接触，请亮"绿灯"；如果你完全不能接受这种接触，请亮"红灯"；如果你要视情况而定，请亮"黄灯"。温馨提醒：请耐心听完同学的讲述，在听到亮灯指令后再亮灯。

预设情景案例：（根据学生倾诉情况，灵活机动地采用多种呈现方式。）

1. 明明是个爱恶作剧的孩子，下课时总喜欢去掀女孩子的裙子或者故意去脱男孩子的裤子，得逞后总会哈哈大笑。追问：男孩子同性之间是不是就可以开这样的玩笑呢？结论：不仅仅是异性之间，即使是同性之间，玩笑也是有身体底线的，绝不能逾越对方的红灯区，即使是看看也是不可以的。

2. 红红这次考试成绩很不理想，心情很沮丧，老师摸摸她的头说：没关系，下次再努力。追问：要是老师摸的不是你的头，而是摸向了你的禁区呢？结论：即使是熟悉的老师、长辈，即使是说着关爱的话，如果他触碰的是你的红灯区，你也要提高警惕。

3. 欢欢和亮亮因为一言不合，大打出手，欢欢为了解恨，一脚踢向了

亮亮的隐私部位。追问：别人碰不可以，如果自己没事去碰就可以吗？结论：自己乱摸自己的红灯区也是种不健康的行为。

4.在体育课上，亮亮一不小心碰到了小雪的胸部。追问：如果是故意的，你会如何处理？结论：在校园生活里，各种身体接触不可避免，大家要学会辨别对方的用意，正确处理。

5.明明不知道从哪里找来一本书，书上的人物衣着暴露，明明总是叫红红一起看，可红红看了很不舒服。追问：如果你是红红，会怎样做？结论：如果别人强迫你一起看不健康的书籍或电视，也是一种侵犯，你要严词拒绝，还要告诉你信任的老师或长辈。

辅导环节五：校外红绿灯。

1.师讲故事，并配上绘本《邪恶的秘密》。

2.故事讲到小女孩遇到性侵犯时提问：如果你是那个小女孩，会怎么做？请大家讨论并发表意见。（学生讨论、发表意见）

板书方法：镇定　拒绝　呼喊　逃离　报警

3.师：大家出了很多主意，小女孩又是如何应对的呢？（继续讲故事）

4.师：看来大家的方法都不错，让我们一起读一读，记一记吧！当我

们遇到身体侵犯时，要学会镇定、拒绝、呼喊、逃离、报警。（引导学生读板书上的方法）

5.绘本延伸，助人助己。

师：心理辅导课的主旨是助人助己，当大家离开校园在外面时，也有可能遇到和小女孩一样的甚至更复杂的事情，你能在危急时刻立刻从上面几种自我保护方法中找到应对之道吗？下面是抢答环节，先读题，听到"请抢答"指令后再举手。

逐条出示抢答题：

（1）小雪的父母不在家，有叔叔来访，做出奇怪的举动，想触碰小雪的红灯区。

（2）红红在放学路上遇到怪叔叔对她吹口哨，说些难听的话，甚至掀她的衣服。

（3）有陌生人给欢欢玩具和糖果，想让欢欢跟他去人少的地方。

小结：同学们现学现用，能帮助别人想到方法，这其实也是在帮助自己啊，真棒！老师把大家的发言串成一首儿歌，送给大家，作为奖励，赶紧读一读吧。（PPT展示《助己歌》）

学生拍手齐读：我的身体我做主，绿灯行、红灯停。遇到有人闯红灯，沉着镇静想办法。拒绝、离开试求援，大喊大叫也是路。平时做个有心人，还有多种好方法。电视报刊多关注，自我保护意识强，自助能力快快长。

辅导环节六：反馈、拓展、结束。

学生个体总结，全班汇报交流。

谢谢大家的精彩表现，推荐一本书《少年心事》和心理咨询热线（当地真实的心理咨询热线）（PPT展示）。最后赠送一句话：学会爱自己，让自己的生命阳光普照！

【辅导评价】

小学低、中年级学生的性心理，肇始于男女生体相的区别及思维、行为的不同，小学生对性别意识已有初步的感知。一方面，小学生对自己的身体缺乏足够的认识，易形成一些不健康的性心理及行为，导致误会冲突，甚至受到伤害。另一方面，社会错综复杂，"性侵犯""性骚扰"这些词也常见于报端，孩子的天真无邪往往给了意图不良者种种可乘之机。

因此，在小学低、中年级开始尽早树立正确的身体界限认识，学会保护自己，避免各种形式的性侵犯，可以说是刻不容缓的。《身体红绿灯》用生动的方式进行简单的性心理教育，让小学生知道人际交往时身体触碰的界限，建立对性侵犯的防御意识，并知晓应对的方法，从而建立与人交往的健康方式。

1. 准备充分，教学对象的确定也十分恰当，课堂内容适合学生的阶段需求、性心理特征和认知水平。

2. 整个辅导设计围绕主题，活动层次分明，环环相扣，层层递进，从校园延伸到社会，简洁、集中、有效。

3. 活动坚持以学生为主体，人人都是主角，没有旁观者。利用学生资源，尊重学生体验，教师保持价值中立，体现了心理辅导课"关注、倾听、同感"的特点。

4. 根据学生的年龄特征、心理特点和认知水平，设计了不同类型的趣味教学环节，形式多样有趣，在轻松快乐的氛围中，让学生就平时觉得"难为情"的话题畅所欲言。

四、小学班级心理辅导范例——给时间"切蛋糕"

【辅导主题】时间管理。

【辅导对象】小学四年级学生。

【辅导目标】

1.认知目标：知晓时间对于每个人都是公平的，时间是白白流逝还是精彩呈现都掌握在自己手中。

2.能力目标：在日常学习生活中增强时间观念，寻找珍惜时间的方法，学习科学地利用时间，做时间的主人。

3.情感目标：激发珍惜时间、热爱学习、热爱生活的情感，体验到珍惜时间获得成功的快乐。

【辅导过程】

辅导环节一：游戏导入，一分钟对比体验。

1.体验一分钟。（1）邀请大家看动画片，先等上一分钟时间。（孩子们通常会在枯燥无味的等待中越来越不耐烦）（2）观看精彩的动画片一分钟。时间到即停止，观察孩子们的表情，邀请反应比较强烈的孩子表达此时心情。

2.谈一谈：同样是一分钟，你的感受一样吗？

3.小结：时间对人是公平的，我们每人每天拥有同样的24小时。一分钟很快流逝，一分钟有时会让人感觉无聊、枯燥，一分钟也会被我们精彩、出色地呈现。

辅导环节二：图表出示，引入主题。

今天我们就来谈谈时间这个话题。

1.点题：虽然我们每天拥有同样多的时间，但每个人的安排利用并不相同，我们所切的"时间蛋糕"也不一样。经过老师和大家进行课前交流，发现我们每天从放学后到睡觉前的时间安排大致是这样的（出示"时间蛋糕"图）。多少同学跟图示的类似？举手示意。（提示：若有不同的，请学生简述区别的地方。）

孩子们的内容安排或许有些出入，但是，根据以往与孩子们的交流，大家有一个共同点：忙！孩子们的时间大多被学校里的学习、活动和父母安排的学习、活动占满，几乎没有自己的时间。

2. 那么，你有没有一些自己特别想去做的事情呢？你为什么不去做这些事情呢？

孩子们往往会异口同声地回答：没时间！——这也是我上这堂课的出发点，耳边经常听到自己班的孩子想要干这个，想要干那个，但最后的结论总是：没时间！

辅导环节三：实验呈现，挤时间是好办法。

师：我们真的没时间吗？一起来做个实验吧。

实验设计：

1. 在玻璃杯里倒满桂圆。

师：玻璃杯里装的是我们从放学到睡觉前的这一段时间，桂圆代表我们要完成的作业、父母要求的任务和一些生活琐事。（问）满了吗？

2. 一把一把抓黄豆，放入学生认为满了的杯子里。黄豆代表学生刚刚提到的想做的事情，每放入一把，举一个刚刚课堂回答中生成的例子，以引发学生共鸣。

师：看了这个实验，你想到了什么？

师：如果老师把刚才的实验反过来做，先放黄豆，再放桂圆。黄豆代表生活中琐碎的杂事，你又有什么启发？

3.情景表演：挤时间也要合理。

师：这里有三位"挤时间"的高手，你们来听听他们是怎么说的？

情景一：作业搞定后，可以玩我的游戏了。吃饭？两分钟搞定，还是抓紧看我的书吧。

情景二：妈妈交给我的任务——弹琴，我又少弹了两遍。赶快去踢足球，走！

情景三：离睡觉还有两三个小时，先挤点时间休闲一下吧，看会儿电视，发发呆，跟同学打个电话聊聊天。啊，八点啦？

师：看了以后，你有何感想？和同伴交流。

有的孩子不知道时间这个概念，而有的孩子则对"挤时间"的理解有偏差。就如情景剧中的这些小例子，挤掉的是原本应该有充足保障的时间。这个环节的设置就是担心孩子挤错内容，通过小组的交流，了解挤时间也要挤对地方。

辅导环节四：现场试验小时间做大事情。

师：有些同学说，挤出的时间只有1分钟、3分钟、5分钟，太少了，根本做不了什么事。

师：一分钟到底能做些什么呢？一起来读读书吧。（教师提前准备1分钟的阅读材料）。

师：照这样计算，如果每天读20分钟书，你可以读多少字？那一星期呢？一个月呢？如果我们天天坚持这么做，在一年的时间里，我们能看完多少书呢？

师：现在，你体会到了什么？

小结：小时间可做成大事情。

师：大家还有那么多利用时间的好方法、好经验，一起来交流一下吧。

辅导环节五：合理安排，我的蛋糕我来切。

师：看来，大家已经把时间紧紧地抓在手里了，那我们就来切切今晚的"时间蛋糕"。

1. 在每一块"时间蛋糕"上，注明时间、所做的事情。

2. 相互介绍，看看同伴的"时间蛋糕"切得怎么样。

3. 让部分学生上台展示自己的"时间蛋糕"，全体交流、评价。

师："时间蛋糕"已经切好了，就等着我们去品尝。请你来谈谈此时的想法。

辅导环节六：唱响时间——欢唱《时间在哪里》。

时间在哪里呀，时间在哪里，时间就在我们的手心里，快点抓住它呀，快点抓住它，时间在我们的手心里。

时间在哪里呀，时间在哪里，时间就在我们的行动里，快点动起来呀，快点动起来，时间在我们的行动里。

小结：就像我们刚刚唱到的，珍惜时间，时间就在我们的手心里，我们可以抓住它。

第三章

个别心理辅导
——去，还是不去？是个问题

虽然很多中小学校有了心理辅导室、心理辅导站或者其他特别名称的心理咨询室，但是由于各种因素，学生其实还是很困惑，自己到底该不该进入这个地方寻求帮助呢？

第一节 个别心理辅导概述

一、个别心理辅导的内涵

国内学者钟志农提出，作为中小学校的一项全新事业，个别心理辅导是针对个体学生中出现的心理问题或心理障碍而提供的一种专业化的心理援助。学校个别心理辅导要维护学生心理健康，却不乱开药方；是一种特殊的师生沟通，却不主张诲人不倦；要辅导教师付出同感和同理，却不主张一味同情与安慰；引导学生走出心理困境，却不主张包办代替。

学界大多赞同这样界定学校个别心理辅导的内涵：学校个别心理辅导，指由经过专门训练的心理辅导员或经过培训的经验丰富的教师与学生在个别关系的方式下，运用心理科学的理论和方法，凭借语言（包括口头语言、书面语言、身体言语）帮助学生解决心理问题（包括发展性心理问题和障碍性心理问题），以维护和增进学生身心健康，促进学生健康发展的过程。

学校个别心理辅导因为其价值中立性、亲密性、安全性、经济性、专业性等优点，对来访学生个性心理的成长具有较大的发展作用和辅导作用。学校开展的个别心理辅导，可以是专业性很强的心理咨询活动，但不适合"心理治疗"一词，原因详见第一章第一节表1-1。

二、个别心理辅导的特殊性

中国的学校个别心理辅导,虽然在辅导技术上可以借鉴国外的经验,但是有必要说明,无论是辅导关系,还是辅导地点,中外都是有明显区别的。本书介绍的是中国的学校个别心理辅导。

(一)个别心理辅导的适宜对象

显然,中小学校个别心理辅导的对象,首先是学校筛选出来的学生,往往是在新生入学心理健康状况普测中被筛选出来的抑郁分、焦虑分很高的学生,或者是定期心理健康普测中被检测出的总项或者个别子项得分高的学生。其次是班主任推荐过来的特殊学生,包括突发心理危机的"问题学生",这部分学生的识别详见第七章。再其次是其他需要个别心理辅导的学生,包括自己或者家长主动提出到心理辅导室做面谈咨询的学生。当然,这些主动前来的学生不一定有严重的心理问题,但依然要引起足够的重视,要安排专业匹配的心理健康教育教师定期进行面对面心理辅导或者转介到校外正规的心理咨询机构。

(二)个别心理辅导的适宜地点

中小学校个别心理辅导的地点,一般是在学校心理辅导(咨询)室。需要特别指出的是,学校个别心理辅导的地点,不能拘泥于心理辅导室,还可以安排到葱郁的树林、优雅的咖啡座、安静的书吧角落等。不被别人打扰也不打扰别人的地点,大多是合适的辅导地点。

(三)个别心理辅导的适宜方法

现在,学校一般都配备具有专业资质的心理咨询教师,但是依然人手有限,时间有限,除了固定时间的谈话辅导外,中小学校个别心理辅导还要综合运用一些具体方法,比如日记周记辅导法、互联网QQ辅导法、沙盘游戏辅导法等，再比如赠送象征性礼物等特别关爱法、学生和家长一起整合性心理辅导法等。

（四）个别心理辅导的局限

不得不承认，学校开展个别心理辅导耗时长、成效低，有诸多局限。重要原因是学校里具有专业资质的心理咨询师数量不足，再加上专职心理健康教育教师与学生抬头不见低头见，缺乏权威性，而且他们往往忙于学校的各种事务性工作，无暇提升自己的心理咨询能力。对于大多数有心理障碍的学生，为了取得尽快好转的效果，建议家长还是转介到更专业的心理咨询机构，以免延误最佳咨询时机。

从这个现实困境出发，学校个别心理辅导将发展性预防定为主要目标，通过沙盘游戏、心理剧本排演、心理书籍阅览等有效途径，提升学生的心理素养，培养学生健全的人格和积极乐观的心理品质。所以，目前，治疗性辅导不是学校个别心理辅导的主要任务。

第二节 个别心理辅导的理论基础

个别心理辅导的理论基础跟心理学流派相关，不同流派都有一些心理辅导的独特方法。鉴于本书特点，笔者选择了行为主义心理学、精神分析心理学（后精神分析）、认知心理学、人本主义心理学、积极心理学、后现代主义心理学等六个流派，进行科普性地简单介绍。

一、行为主义心理学

行为主义心理学是影响最大的心理学流派之一，兴盛长达五十多年，创始人是美国心理学家约翰·华生（John Watson）。行为主义心理学在发展过程中，逐渐衍生出以华生、亨特、拉什里、霍尔特、魏斯为代表的"古典行为主义心理学派"，以托尔曼、赫尔、斯金纳、班杜拉为代表的"新行为主义心理学派"，后来又出现了"新的新行为主义心理学派"。

古典行为主义心理学派的代表人物华生主张，以客观的方法研究人类和动物的行为，从而预测和控制有机体的行为。华生认为心理学的研究对象是人和动物的行为，而人和动物的行为都是由刺激 S 到反应 R 的联结构成的。华生认为，行为就是一种可以外部观察的有机体的反应，其本质是人和动物对外界环境的适应。通过对行为的研究就可以确定刺激和反应之间的联结规律，以便人们在已知刺激后，能预测将会发生什么样的反应，或者在已知反应后，能够指出有效刺激的性质。

新行为主义心理学派代表人物美国心理学家爱德华·托尔曼（Edward Tolman）修正了华生的极端观点，指出在个体所受刺激与行为反应之间存在着中间变量，这个中间变量便是个体当时的生理和心理状态，它们是实际行为的最终决定因子。

新行为主义心理学派另一代表人物美国心理学家伯尔赫斯·弗雷德里克·斯金纳（Burrhus Frederic Skinner），在巴甫洛夫经典条件反射的基础上，提出了著名的操作性条件反射。"斯金纳箱"内装有特殊装置，压杠杆就会出现食物，将一只饿鼠放入箱内，它会在里面乱跑乱碰，偶然一次压杠杆并得到食物，此后老鼠压杠杆的频率越来越高，即学会了通过压杠杆来得到食物的方法，斯金纳将其命名为"操作性条件反射"或"工具性条件作用"。食物即强化物，运用强化物来提高某种反应（即行为）频率的过程叫作强化。斯金纳认为，强化训练是解释机体学习过程的主要机制。

班杜拉创立了现代社会学习理论，提出人的社会行为是通过观察学习获得的，即观察他人行为和模仿他人行为形成的。班杜拉提出，在这个过程中起决定性作用的是环境，所以只要控制了环境，就可促使儿童的社会行为朝着期许的方向发展。同时，美国心理学家沃尔特·米歇尔（Walter Mischer）还提出了认知社会学习理论：用五种变量来阐明人怎么对各种刺激做出反应，这五种变量分别是认知和行为的构成能力、对行为的转译策略和个人的认知构成物、对自己行为结果的预期、主观上的刺激价值的倾向，以及自我调节系统和计划。米歇尔认为，上述"能力、编码策略、预期、主观价值、自我调节"这五个变量既是决定人行为的重要因素，又是人格结构的主要成分。班杜拉和米歇尔的观点既属于行为主义的范畴，又与传统的行为主义有区别，体现出了行为主义心理学与人本主义心理学的渐趋一致。

二、精神分析心理学

精神分析心理学产生于 19 世纪末 20 世纪初，创始人为奥地利精神病医师、心理学家西格蒙德·弗洛伊德（Sigmund Freud）。精神分析心理学既是一种精神病症的治疗方法，也是在医疗实践中逐渐形成的一套心理学理论，后来又发展为新精神分析心理学。接受过严格的自然科学训练的弗洛伊德，追求用科学的方法探求人类的无意识现象，经过长期的医疗实践，他总结出了三种研究无意识心理的方法，包括自由联想、梦的分析和对日常生活的分析，形成了三大理论观点。

1. 本能理论。弗洛伊德把本能分为两类：生的本能和死的本能。生的本能通过被称为"力比多能量"的形式表现出来。死的本能是一种破坏性的力量，可指向内部，表现为自虐、自残甚至自杀等；也可指向外部，表现为仇视、仇恨和攻击等。

2. 焦虑理论。弗洛伊德把焦虑划分为三种类型：客观性焦虑、神经性焦虑以及道德焦虑。个体发展出拒绝、移置、投射、合理化、反应形成、倒退、压抑和升华八种自我防御机制来减轻自己的焦虑。

3. 人格发展理论。弗洛伊德认为，个体的成长可以划分为五大阶段：口唇期、肛门期、性器期、潜伏期和生殖期。

弗洛伊德的理论是有缺陷的，比如他的理论仅来源于他对精神病和神经症患者的治疗实践，比如他有意或者无意地忽视了个体和群体、个体心理和社会心理、本能与文化的差异等。

三、认知心理学

从广义来说,凡是研究人的认识过程的心理学,都属于认知心理学,主要包括建构主义认知心理学、心理主义心理学和信息加工心理学。目前,在西方心理学界,狭义的认知心理学指的是信息加工心理学,产生于20世纪50年代中期,1967年美国心理学家奈塞尔(Neisser)《认知心理学》一书的出版,标志着认知心理学已成为一个独立的流派。

在研究对象上,相较于行为主义心理学主张研究"可观察的行为",认知心理学则将研究对象转移到人的心理过程。在研究方法上,行为主义心理学只强调严格的实验室实验,认知心理学则既重视实验室实验(有很多著名的经典实验),也重视主观经验的报告。

认知心理学试图统领全部认知过程,提出知觉、注意、记忆、思维等认知现象是融合的,对于一组现象的了解有助于说明另一组现象。还试图统领普通心理学各领域,即用认知观点阐释情绪、个性、动机等方面。所以,认知心理学扩展到了社会心理学、发展心理学、生理心理学、工程心理学等领域。

当代认知心理学有两个发展趋势:第一,进一步加强与相关学科的互动,特别是神经、生理学科。第二,更加关注生态效度,比如在一定的社会情境和文化背景中考察认知活动。

四、人本主义心理学

人本主义心理学兴起于20世纪五六十年代的美国,由马斯洛(Maslow)创立,以罗杰斯(Rogers)为代表。人本主义心理学最大的特点是,强调人的正面本质和价值,强调人的成长和发展,强调自我实现,而不是集中研究人的问题行为。

马斯洛提出"需要层次""自我实现"和"高峰体验"等理论。"需要层次论"被誉为解释人格的重要理论，也是解释动机的重要理论。核心观点为，个体成长发展的内在力量是动机，动机由各种不同层次的需要组成，包括生理需要、安全需要、爱与归属的需要、尊重需要、认知需要、审美需要、自我实现需要等，这些需要有先后顺序与高低层次之分，每一层次的需要与满足决定个体人格发展的境界或程度。

"自我实现论"是马斯洛的又一重要理论。经过广泛观察和分析，马斯洛概括出自我实现者的15种共同人格特征：（1）准确和充分地认知现实，并能同现实保持合适的、融洽的关系。（2）悦纳自己、他人和周围世界，即使是消极方面。（3）自然地表达自己的情绪和思想，完全按着自己的本性行动。（4）不是以自我为中心，而是以问题为中心，将注意力完全放在事业上，工作对他们而言是最高的享受。（5）具有强烈的独处与独立的需要，不依赖他人，超然于世，不愿交往，沉默寡言，平静安详。（6）具有超越自然环境和文化条件的能力，能够不受自然环境和文化条件的限制而自主活动。（7）能以敬畏的心情和欣赏的眼光看待每一件事。（8）常常经历高峰体验，其频度和深度比一般人强烈。（9）拥有真切的社会情感，对全人类都表现出同情和关爱。（10）拥有深厚的友谊和良好的人际关系，他们的朋友虽然数量不多，但感情很深厚。（11）具有民主风范，能够平等而宽容地对待他人及其意见或建议。（12）具有强烈的道德感和伦理观念。（13）具有富含哲理的、善意的幽默感。（14）富有创造力，而且创造力已经成为其人格特征之一。（15）对文化的批判精神，即自我实现者一般情况下都能适应文化，但是对于那些与他们的价值观相对立的文化，能够自觉抵制。

五、积极心理学

积极心理学是 20 世纪末开始，从积极的角度，用科学的原理和方法来研究幸福的一种新兴科学，成为心理学理论新的增长点。以马丁·塞利格曼（Martin E. P. Seligman）《积极心理学导论》的发表为流派形成标志。积极心理学倡导心理学的积极取向，关注人类的积极心理品质，关注人类的健康幸福。

积极心理学继承了传统主流心理学的研究方法，强调对人性优点和价值的研究，重视对心理疾病的预防，提出积极的预防思想，兼顾个体和社会层面。

六、后现代主义心理学

后现代主义心理学 20 世纪 90 年代在西方兴起，是后现代主义时代精神的产物，反映了在科学技术飞速发展的信息社会人们思维方式和社会心态的转变，代表了心理学的研究从行为观察、认知研究、精神分析、自我肯定，逐渐向美学、伦理学、社会学等领域渗透和延伸。

超个人主义心理观是后现代主义心理学的核心，主要特色有四个方面。第一，提倡探讨人性，强调心理现象是一种综合性文化的社会建构。轻视低级心理的研究，重视高级心理的研究，强调应尽快与伦理学、艺术学、社会学接轨。第二，反对机械论和实证主义，提倡经验论和相对主义。第三，提倡整体论、系统化和建构论的研究方法，反对还原论、拟畜性和简约论，注重从历史文化、社会环境等多层面入手来研究人的心理与行为机制。第四，方法论注重语言的研究、心理投射现象的研究，倡导超个人主义的研究。

在后现代语境下，心理辅导与咨询工作成了一项语言解构和重构的活动，强调人的主体地位，关注当事人自身的自我调节能力。后现代主义心理学倡导在平等、尊重差异的基础上，心理辅导老师与来访者共同协商、共同探索解决问题的途径。

七、理论流派综述

学校心理健康教育的理论依据不需要在古典、现代和后现代性的各种心理学流派之间做出"非此即彼"的强制性选择，只是需要重新定位心理学理论与实践应用的关系。可以说，传统的流派是停留在过去、负面、问题，后现代流派则更关注将来、正向、希望或者改变。毋庸置疑，中小学心理健康教育改革更应该注重实践的指向，实用主义的应用倾向尤为重要。

同一名"问题学生"，行为主义心理学派认为是有效学习训练不足或奖惩不当造成的，精神分析心理学派认为是精神创伤所致，认知心理学派归因于不合理的认知，人本主义心理学派则认为是缺乏应有的尊重接纳。因此，各种心理学流派通过自身有限的成功案例得出的治疗方法，就好比是"盲人摸象"得出的片面结论。

经过25年心理辅导的实践，笔者发现，学生心理问题产生的原因是复杂的，任何一名来到心理辅导室寻求帮助的学生都是一个特殊的个体，每个人都有独特的成长环境和人生经验，如果只是简单地将其诊断归类、标签为某种疾病，并采用所谓正确的某一种模式进行咨询，是不适当的。所以，针对每一个学生的心理辅导与咨询方法，都应是综合而且个性化的。

第三节　个别心理辅导的操作技术

学校个别心理辅导的操作技术其实有很多，本节只是简单介绍笔者常用的几种基本的、实用的技术技巧，比如倾听同感、正向暗示、行为矫正、催眠放松、叙事疗法等。

一、倾听同感技术

倾听，是日常生活的一部分，也是教育的一部分。把倾听作为心理辅导的一项技术，也太简单了吧？非也。倾听是心理辅导师必须具备的基本素养，更是一种宝贵的素养，可以给来访学生提供一种支持性环境，激发对方讲述自己故事的欲望，对建立良好的辅导关系起着重要的作用。

心理学中的倾听与同感技术，是指用语言或非语言的行为向学生传达一个信息：我正很有兴趣地听着，我表示接纳和理解。倾听包括两个方面：身体传达的专注倾听以及内心的专注倾听。

善于倾听，首先要设身处地地感受，用心去听。不但要听懂学生言语、行为所表达出来的东西，还要听出他所省略的和没有表达出来的潜在内容。善于倾听，还要有适当的反应，要有参与感，包括言语性的或非言语性的反馈，比如用"是的""嗯""请继续""然后呢"等来鼓励学生继续说下去，或者用关注的眼神、微笑、相呼应的点头、身体的前倾等鼓励学生宣泄，帮助其表达自己的想法。善于倾听，更重要的是要理解学生所传达的情感和内容，不歧视、不排斥、不误解，把自己放在求助学生的位置来思考。

应当注意的是，当惯了权威角色的老师，往往不愿意倾听，不重视倾听，容易出现以下问题：（1）急于下结论，没听完就提早得出结论，或者带着"有色眼镜"。（2）轻视学生的问题，认为问题是无事生非、大惊小怪，因而表现出不耐烦的态度。（3）干扰学生的话题或者不时打断学生的诉说，急于发表自己的见解或者转移话题，使学生无所适从。（4）按照成人的思维或习惯评论学生所说人物的言行举止，做道德或是非对错的评判。

二、正向暗示技术

心理暗示，作为最常见的一种心理现象，指人接受他人或自己的愿望、情绪、观念、态度、判断等的影响的心理特点。从实施者的角度来说，心理暗示是用间接而含蓄的方式，对别人的心理和行为施加影响。暗示作用往往会使别人不自觉地按照一定的方式行动，或不加批判地接受一定的意见或信念。

巴甫洛夫认为，暗示是人类最典型、最简单的一种条件反射，有积极与消极之分。其实，从学术角度，暗示分为"自我暗示"与"他暗示"两种，但通常大家习惯用"心理暗示"表示"他暗示"。

正向心理暗示可帮助学生稳定情绪，树立自信心，产生战胜挫折和困难的勇气，消极的心理暗示却能对学生造成负面不良的影响。有一个经典实验是分别让两组学生朗读同一首诗。在朗读前，第一组学生知道这是哪一位著名诗人的诗，第二组却不知道谁是作者。同样时间的朗读结束，立即让两组学生默写诗句。结果：第一组的记忆正确率为56.6%，第二组仅为30.1%，这证明权威暗示对学生的记忆力很有影响。

鉴于青少年最容易接受心理暗示，教师和家长应该有意识地给学生以积极的心理暗示，注意引导学生变消极的自我暗示为积极的自我暗示。比如，在考试心理的调整中，引导学生变"恐怕要考砸，心里没底"为"别人行，我也行"。再比如，家长应当改正这些不良口头禅——"就你这么笨""学习上一窍不通""你真懒"等。

三、行为矫正技术

心理学上的行为矫正，涉及对人类行为进行分析与矫正的心理学领域，其技术方法以行为学原理为基础，包括正强化技术、负强化技术、松弛训练、代币制与行为契约、冲击疗法、厌恶疗法等。

强化技术包括：（1）正强化，即把令人喜欢、愉快的刺激施加于学生，增加学生积极的行为。（2）负强化，即把令人痛苦、厌恶的刺激从学生身上撤去，增加学生积极的行为。（3）消退，即用非强化的方法来减少学生消极的行为。（4）惩罚，即施加令人厌恶的刺激，减少学生消极的行为。

强化物的种类包括：（1）物质性强化物，包括一切能作为奖励以增进行为动机的食品、玩具、饮料、衣物、文具、装饰物和其他的日常用品等。（2）社会性强化物，指一切属于社会行为的强化物，包括赞赏、微笑、注视、点头、拍手、轻拍肩背和其他表示认可的行为。（3）活动性强化物，指学生喜欢的、只有少数人能享有的行为或者权利，如当小队长、班委，做老师的帮手，当主持人、升旗手。（4）象征性强化物，指本身不具有增强性质，但是具有象征意义的强化物，如公开表扬、口头或书面表扬、发奖状等。（5）代币性强化物，指有形的物品，可在事后兑换活动的、物质的、社会的或象征的强化物，比如卡片、分数、标签等。

使用行为矫正法的具体操作步骤：（1）确定预期行为。（2）设立行为的基准线。（3）强化干预，持续进行及时的强化。（4）评价、反馈。由于消极行为肯定是要反弹的，这时不要失去信心，再坚持一下，曙光就在前面。所以，定期评估的重要性不言而喻，要运用积极心理学的理念对积极行为进行反复支持。

四、催眠放松技术

催眠放松法，专业术语叫系统脱敏法或交互抑制法，是20世纪50年代由南非精神病学家沃尔帕（J. Wolpe）创立的。催眠放松技术建立在经典条件反射和操作条件反射的基础上，它的治疗原理是对抗条件反射，交互抑制。比如，焦虑是由于外界刺激而引起的情绪紧张，这种刺激与紧张情绪形成条件反射，因而学生一想到这种刺激情境就会产生焦虑。沃尔帕认为，在引发或者导致紧张焦虑的刺激物出现时，让学生做出抑制紧张焦虑的反应，这种反应可以缓解直至最终切断刺激物与紧张焦虑之间的条件性联系。

催眠放松技术的操作过程：

第一步，放松训练环节。

学生一般需要10次左右的练习，每次半小时，反复训练，每天1至2次，直至能运用自如、随意放松。

第二步，等级对应环节。

（1）请学生罗列出所有感到紧张焦虑的事件。（2）评估紧张焦虑的等级层次，可以采用五等制或十分制来划分主观紧张焦虑程度，笔者喜欢用最低 1 分、最高 10 分的评估排序。（3）学生报告紧张焦虑事件由大到小排列的顺序。

第三步，系统脱敏环节。

（1）进入放松状态：在学校心理辅导室或其他令人感到舒适、安全的环境，播放舒缓的音乐，让学生或坐或躺在舒适的椅子上，先进行肌肉放松训练。辅导教师用缓慢的指导语言，依次从头顶、面部、颈部、肩部、手臂、胸部、背部、腹部以及下肢部位逐一放松，体验肌肉紧张与肌肉松弛的区别，反复训练。

（2）想象脱敏训练：让学生自主选择并想象某一等级的事件或刺激物，当学生能清晰地想象并感到紧张时，停止想象，再次进行全身放松训练。重复以上过程，直到学生不再对这个想象事件或刺激物感到紧张，那么该等级的脱敏就完成了。下一个等级的脱敏训练以此类推。一次脱敏训练建议 1-2 个事件或者等级，如果训练中出现强烈的情绪，则应降级或者减量，并重新开始脱敏训练，直到学生可以适应时再往高等级进行。当然，只有学生完成全部等级的想象训练，才可从模拟情境向现实情境转换，并进行现实情境的脱敏训练。

（3）现实脱敏训练：这是心理辅导最为关键之处，仍然从最低等级开始到最高等级，逐级进行放松、脱敏训练，直到不引起学生强烈的情绪反应时停止。建议出现脱敏效果后，把训练时所用音乐赠送给学生，并给学生布置家庭心理作业，可要求学生在每周辅导后，对同级自行强化训练，每周 2 次，每次 30 分钟。

真实生活脱敏法是快速脱敏法的变式，其特点是用造成恐惧反应的实际刺激物代替对刺激物的想象，心理辅导者陪伴着学生感受一系列令学生感到恐惧的情景，直到原先较害怕的情景不再害怕为止。此方法多被用于社交恐怖症和广场恐怖症。

接触脱敏法特别适用于学生对特殊物体的恐怖症，如对狗、蜘蛛和蛇等动物的恐怖症。接触脱敏法也按焦虑等级进行真实生活暴露，特别之处是增加了两项技术——示范和接触。让学生首先观看介绍性的科普视频或者书籍，心理辅导者或其他人接触引起学生恐惧的情境或东西，然后让学生一步一步地照着做。如果害怕的是狗，那就让学生观看科普性视频，接着看心理辅导者触摸狗的示范，然后让其触摸玩具狗，而后真实接近、触摸狗，直到学生无紧张感为止。

五、叙事疗法

叙事疗法从"人本身不是问题，问题才是问题"的角度出发，通过"故事叙说""问题外化""由薄到厚"等方法，与学生保持合作辅导的关系，使学生变得更自主、更有动力。

使用过程：（1）问题外化阶段。咨询师把问题外化看作一种应该秉持的态度，而不仅仅是一种技术。咨询师内心深处完全相信学生是受个别问题困扰的，并积极帮助学生完全发现并展示问题。（2）寻找独特结果阶段。在这一过程中，可以帮助学生重新审视自己的人生故事，找寻这个故事独特的积极的结果。（3）故事重构阶段。引导学生在原来经验的基础上，在独特结果的影响下重构故事。

叙事疗法的优点：（1）三个阶段，过程简单，重视引导学生用叙事语言，朝向真正解决问题的方向，强调自我发展与改变的潜质与能力。（2）操作性强，技巧简单，如善用引导式询问、文本和仪式等。（3）效果显著，使用广泛，具有较高的推广价值。可以在个别心理辅导时使用，就像师生闲谈，让学生很放松地叙说，让心理辅导了无痕迹，也可以在团体心理辅导中使用。

局限与不足:(1)对于沉默的人、不善于表达的人、言语交流困难的人,无法使用。(2)需要更多严谨的实证研究来证明这个方法是否真正起作用,要进一步明确叙事疗法在何种时间、地点与情况下,对何种人群更有效。

第四节　个别心理辅导范例

一、攻击性行为学生的个别心理辅导范例

（一）基本描述

小杰（化名），出生于书香家庭，母亲、姨妈都是教师。因为父母年龄较大，平时对小杰比较溺爱。小杰在母亲就职的幼儿园度过了三年美好时光。幼儿园老师都很关照他，造成了他"唯我独尊"的性格。后来，小杰经常有攻击性行为。

父母社会地位发生变化，夫妻关系逐渐不和谐。父亲与小杰不是特别亲密，父亲与小杰相处时容易上火并使用暴力，管教方式比较严厉，小杰很畏惧他。妈妈人缘很好，但温柔的教导方式对管教小杰没有任何效果。幼儿园其他老师即使发现了小杰的问题，但碍于其母是单位中层领导，对小杰也基本没有约束，这导致小杰更为所欲为、我行我素。

（二）基本行为问题

四年级时，小杰的主要行为问题有：（1）课堂上随意讲话，故意用力拍打前后左右的同学。（2）对老师的要求、布置的任务置若罔闻，自由散漫。（3）与同学相处不友善，经常无故欺负弱小同学，轻则拍，重则打。（4）时常破坏校内公物，经常对教室内的电器乱按一气。（5）经

常私拿其他同学的物品。小杰的父母对此跟学校解释为"这个是拿"，这导致小杰的恶习没有丝毫改变。

问题类型：缺乏规则意识，具有情绪冲动下的攻击性行为。

（三）前期德育工作

1. 校方前期德育评估

（1）自理能力差——妈妈包办。（2）自我认知乱——是非不明。（3）学习能力弱——丝毫不愿花时间与精力。（4）人际关系紧张——只顾自己，不顾别人。在归因方面，校方认为，中年得子的父母过于宠溺小杰，还没有意识到这些问题的严重性，仅仅认为小杰年龄还小，只是捣蛋调皮而已，这导致小杰自我认知存在偏差，在家依旧随心所欲，在校依旧自由散漫，诸多问题累积至今。

校方要解决的最迫切问题是小杰人际交往方面的问题——攻击性行为。小杰过分以自我为中心，发现老师、同学对他略有微词便会发脾气，又迫切地希望被关注被肯定，一旦发现大家不关注他，就开始暴力相向。因此，矫正他在人际交往方面的认知非常重要。其次才是学业问题。小杰不想学习，也不尊重妈妈，虽然害怕爸爸的拳头，但爸爸缺少管教方法，加上工作时间长而无暇关注他，所以，小杰的学习成绩一落千丈，除了数学偶尔及格，体育还勉强通过，其他学科都不及格。

2. 校方前期德育方法

一对一、多对一相结合，多方支持。由班主任定向跟踪支持该特殊学生，学校指定政教处的一位教师和学校党员小组的全体党员来支持该特殊学生。大家晓之以理，动之以情，导之以行，在行为习惯、思想修养、待人处事、学习生活、人际交往等方面给予细致耐心的帮助。

团队老师明确分工与职责，履行支持性义务，尽力做好这个特殊学生的教育转化。老师们分别履行以下职责：（1）任课老师，鼓励小杰参与力所能及的课内外集体活动，鼓励他的点滴进步，多给小杰发言表现、展示小提琴和绘画特长的机会，努力发掘其优势。（2）班主任，每日及时记录，每两周与家长交流一次，掌握小杰在家在校的表现，鼓励并引导家庭做好教育工作。（3）德育副校长，每两周与小杰交谈一次，了解其在思想、学习、生活方面存在的困难，帮助他解决和克服。

3. 校方前期德育效果

慢慢地，针对小杰的个别化教育开始奏效。

初步成效：在学校团队的合力下，小杰已意识到自己需要改变以往比较放纵的行为，但不良习惯由来已久，改变的速度比较慢。小杰对待周围同学的暴力倾向有所收敛，暴力对象缩小为两三名同学。在学习方面，肆无忌惮扰乱课堂秩序的频率慢慢下降，老师指出时，小杰能稍作收敛。

问题依然：小杰状况改善的进展比较缓慢，而且反复很厉害，刚刚觉得他跟同学相处融洽了，就会突发一场暴力事件，而且集中在一两名同学身上。更重要的是，有些问题即使在与他父母沟通后，也没有得到丝毫缓解，回校后，攻击性行为反而更多。这让班主任意识到：严重的家庭教育问题，正是小杰还不能彻底改变的根本原因所在。

（四）支持性心理辅导

小杰的母亲找到了笔者，请笔者作为心理咨询专家介入。

第一次，在笔者工作的心理辅导室，笔者进行了结构化的评估性面谈，母子两人分别面谈评估。母亲哭了。小杰的父母性格迥异，教育模式也完全不一致，经常会因为小杰的教育问题产生摩擦、矛盾，因此，需要调整的除了家庭教育方法，还有夫妻关系。

第二次，因为第一次咨询的有效性，在笔者的要求下，小杰的父亲出现了，笔者与其进行面谈。

第三次，笔者进入学校，对小杰进行了三次观察，一节主课、一节课间活动与一节体育活动课。观察结论：第一，同意学校观点——小杰确实多动、有攻击性行为；第二，小杰天真烂漫，其攻击性行为是可以控制的。于是，笔者开展了一系列包括对班主任与任课教师、心理教师在内的系统的支持性心理辅导与咨询。

之后，笔者开始实施家庭心理咨询，对小杰和他的父母定期进行心理支持与辅导，直至小杰升入初中。在长达两年的心理咨询辅导过程中，小杰只发生了两次突发攻击性事件。值得一提的是，经过笔者的心理辅导，从来没及格过的语文考试小杰居然考出60分。辅导方法其实很简单，先打消了小杰母亲的错误认知："小杰的语文不可能及格，因为他从来不写作文。"在一次心理咨询中，笔者现场示范，在小杰动笔前用积极心理暗示"老师相信你能写"，然后让小杰根据作文题目，先口述内容，再一句一句写下来。小杰写完后，笔者用振奋性鼓励的方法大声说"看看小杰的改变"，并让小杰大声朗读给事后进来的妈妈听。这一次辅导，彻底改变了妈妈与小杰"不能写、不会写"的心态，也改变了小杰在写作文上习得性无助的状况。

同时，在笔者的策划下，学校重新成立了心理辅导团队，对小杰在校内校外的学习、生活进行全方位支持性教育，笔者将其命名为"整合性支持教育计划"。

校内心理辅导团队师资配备:（1）个别心理辅导：国家二级心理咨询师、专职心理健康教育教师。定期进行个别心理辅导，召开团队会议，调整各阶段辅导模式。（2）团队辅导：四位兼职心理老师，定期针对小杰所在的班级开展团体心理辅导活动。（3）班级辅导：班主任、副班主任经常与相关教师联系，了解小杰在其他课上的表现，并及时将小杰在该科学习中存在的情况与任课教师沟通解决。

与之前学校德育式干预模式的区别在于：本次整合性支持教育计划的

重点在于对学生进行个别辅导，既有针对家庭的支持性父母心理咨询，也有针对孩子的支持性与训练性相结合的一对一心理咨询；既有围绕小杰来制订目标、内容的团体心理辅导课，也有任课教师的学科教学渗透辅导课。

笔者作为校外心理咨询专家，开展以下内容干预：（1）对学生的支持性干预：第一个月每周一次，后来每两周一次，再后来每三周一次，最后每月一次。（2）对家长的支持性干预：每月一次家庭治疗。（3）对教师的支持性干预：每月一次了解学生的在校情况、反馈咨询效果，对教师进行支持性指导。

在家校合作方面，笔者制订了一系列得到小杰认可的"固化好行为"的游戏规则，让小杰能明确规范意识，并和小杰的父母一起协商并落实措施和奖惩条例，真正做到家有家规、校有校则。毋庸讳言，从心理模式出发的支持性干预针对性更强，效果也更为明显。

当然，在笔者持续地对小杰的父母进行心理咨询和家庭教育理念与方法的辅导之后，学校明显感到，家庭的改变在潜移默化地带动小杰的改变。

（五）第二个阶段的辅导效果

小杰的攻击性行为在心理咨询专家、教师团队、家庭的通力合作下，第一阶段的目标——明显降低攻击性行为——已达成。小杰已经有了明显的规则意识，不再以暴力的方式对待身边的同学、朋友。即便有不好的事情发生，小杰也能尽量控制自己的情绪。同学之间的关系有明显缓和，班里有很多孩子下课后和小杰玩成一片，也有同学到他家里玩。

第一阶段的目标基本实现后，新学期伊始，笔者制订了第二阶段的支持目标——学业教育。之前，小杰的情绪调节并不稳定，和父亲的关系也不融洽，因此，在辅导的时候，笔者弱化了学业方面的要求，不把矛盾集聚化。现在，小杰升入六年级，又是个智力正常的孩子，学业上的欠缺是老师、家长都感到遗憾的，所以，最后一年的支持计划重点落在学科辅导上，因为小杰已不是那个有行为问题的孩子了！小杰还是有很多优势项目的，后来实现了三门主要功课及格的目标，顺利升入初中。

综合小杰的表现，我们有理由相信，小杰的明天会更美好！

二、HTP 分析法应用于网瘾纠正的范例

本案例来源于国家二级心理咨询师、浙江省宁波市实验学校邱智华老师的原始记录。

（一）心理辅导对象

小敏（化名），女，14岁，初中二年级学生。孩子从小生活在农村，父亲、母亲在宁波打工。虽然家庭条件一般，但还是能够生活自足，基本满足所需。孩子从小乖巧，却在快升入初三时沉迷于网络，整天把自己关在房间里，不跟父母交流。

两个月前，父母发现孩子在网上开始有关系亲密的异性网友，由于担心孩子因网恋耽误前程，于是就狠狠打了女孩一次，把网线也剪断了，结果花季少女离家出走。返家后，继续上学。

学校老师反映孩子上课注意力下降，成绩受影响。父母考虑会不会是断网的问题，后来实在没办法，便给她接上了网络。可发现孩子还是不学习，不跟父母沟通，并且很少见到孩子笑了。父母非常焦急，前来求助。

第一次咨询表现：情绪低落，交谈中孩子一直低着头，看起来是个很乖巧的女孩子，能够配合回答咨询师提出的问题，但话语较少，不想沟通。

（二）第一次评估性面谈结果

心理测验：SDS 抑郁 64 分，SAS 焦虑 51 分，初步判定小敏有中度抑郁表现，并伴有轻微焦虑症状。小敏智力水平正常，性格内向，有基本的知觉力。

心理咨询师总结出小敏心理问题的生理、心理、社会因素：(1)诱因——父母对其上网的暴力打压。(2)环境——与父母缺乏沟通了解，生活环境较为封闭。(3)个人——性格较内向，正处于青春期。(4)社会背景——家庭教育对于青少年获取网络知识缺乏指导。(5)查问女孩既往健康状况与治疗史，没有发现异常疾病史。

心理评估结果：有严重心理问题，伴有网络依赖症状。适合学校个别心理辅导与咨询，理由：(1)遵循"病与非病"三原则，小敏知情意相统一，有主动求医行为，而且对症状有自知力，无典型意义的特异行为，也无逻辑思维混乱，更无妄想、幻觉等精神病症状，所以，首先可以排除精神病。(2)测试分数显示有抑郁倾向，但由于小敏的现实处境与心理冲突直接相联系，就是跟父母因断网的矛盾而引发争吵，有明显的道德性质，是心理冲突的常型，所以可以排除神经症。(3)小敏行为与心理异常的表现，持续时间不足三个月，对正常的生活和人际关系产生了一定影响，属于心理问题的范畴。但是，由于不能够适应现在的学习、生活，基本不与他人沟通，社会性功能受损，有一定的泛化倾向。所以，初步判定为严重心理问题。(4)按照"网络成瘾"的基本判定标准，上网基本成为小敏生活的中心，表现为：需要增加上网时间，不能成功控制、减少乃至停止上网，一旦被减少或终止上网会导致其负面情绪爆发，网络在线时间超过自己承诺设定的预期计划。依据这些事实，判定小敏存在网络依赖问题。

（三）协商确定个别心理辅导目标

近期目标：找到小敏抑郁情绪的根源，解除其抑郁情绪，帮助其正确认识网络，破除网络依赖影响，建立和谐家庭关系。

长期目标：塑造小敏的抗挫能力，改善目前存在的性格缺点，促进其沟通能力的发展，帮助其正确使用网络和控制上网时间，最终摆脱网络依赖困扰，建立和谐家庭关系。

（四）具体心理辅导设计内容

心理辅导频率：基本为每周一次，一次 45—60 分钟。如有变动，会提前协商。

主要心理辅导方法与适用原理：家庭绘画心理分析法（HTP 法）。小敏沉默寡语，又有些心理抗阻，而从父母方面又难以获取更多有效信息，所以采取了家庭绘画心理分析的方法，帮助小敏挖掘深层问题，切实改善现有抑郁情绪状态，改善家庭关系，从而根除网络依赖问题。

（五）个别心理辅导过程

第一步，房树人绘制。咨询师给了女孩一张画纸，让她尽可能放松地画一栋房子、一棵树和一个人（房树人法）。于是女孩先是画出了房子，又在房子周围加上了栅栏。她看了看咨询师，咨询师微笑着引导说：想画点什么都可以画上。于是女孩看了看画，又画出了一条从家门引出的小路，接着将小路延伸出去，又在路的旁边画了棵树。女孩稍微停顿了一下，然后在栅栏里面画了只小狗，又画了一个小女孩，紧接着在树下画出了一男一女两个人。女孩停下画笔在审视自己作品的同时不住地抬头看咨询师，这时候咨询师问她，自己的画完成了吗？她点头示意，最终得到绘画结果如下图所示：

第二步，绘画意象分析。从整体看，图画的线条凌乱，表明被测试者心理脆弱，需要关注。无论是房子还是道路都不够规整，表明被测试者现阶段十分忐忑彷徨。整张纸上图画的位置偏左，表明被测试者较怀念过去，咨询师猜测是在怀念跟父母曾经的和谐关系。从房子来看，两边都有窗户，表明被测试者渴望与外界进行更多的沟通，但房子周围栅栏又表现出自己害怕与外界接触，害怕受伤害。房子的门上没有把手，表明不想让别人进入自己的私人领域，不想与外界沟通。栅栏中的小女孩应该是被测试者自己的意象，但年龄明显比被测试者实际年龄小，表明被测试者不希望长大，更渴望活在自己的小世界中。栅栏中的小女孩头发较为凌乱，表示生活没有支持感，较迷茫，以上这些与关闭的门都是判定网络依赖的重要参考。旁边画了一只小狗，表明需要一个忠实的朋友可以沟通。道路一直延伸出去，表明渴望了解更加新奇的未知世界。树冠较扁，树干不够笔直，表明被测试者感受到的压力较大，甚至难以承受。树下路旁的一男一女应该为父母的意象，可以理解为虽然女孩将自己封闭在栅栏中，却也希望找到一种途径与父母沟通。

通过绘画过程以及画面分析，心理辅导老师基本可以了解小敏的心理状态。小敏从小渴望与外界沟通交流，所以通过网络来满足这种需求，但遭到了父母的暴力反对。小敏依靠网络宣泄的方式遭到了阻止，使其产生了矛盾的心态，既想与外界沟通，又害怕再次遭到打压，所以将自己封闭起来。强大的心理冲突使她选择沉默和逃避，网络依赖的表现也就愈演愈烈。

第三步，心理辅导。首先帮助小敏认清自己的现状，与其共同寻求解决方案，从而克服抑郁情绪，缓解与父母的矛盾，并正确使用网络，摆脱网络依赖。然后咨询师将绘画分析结果告知父母，寻求父母的配合。

心理咨询师通过沟通拉近辅导关系，逐渐改变小敏的错误认识，帮助其调整抑郁情绪。部分对话内容如下：

心理咨询师：喜欢这里（宁波）吗？

小敏：比老家好。

师：是不喜欢待在家里吗？我小时候也一样，很希望能够出去看看外面的世界，只有出去才发现，外面的世界是多么美好。

敏：对！我曾经就在网上看到很多关于外面世界的东西，比在电视上看到的多得多，也认识了许多新朋友。

师：那不是很好嘛。

敏：可是他们（父母）不乐意，嫌我耽误学习。

师：那你自己认为这影响到你的学习了吗？

敏：有的时候会完全被吸引进去，忘记了时间，然后再补作业就会睡得晚，第二天上课就没精神了。

师：那就是说，还是自己没有把握好这个度，是吗？

敏：嗯。

师：这也就难怪父母替你着急了，毕竟你马上要参加中考了。你想想，如果你中考考得好，然后继续努力进入一个你想去的城市的大学，人生不就变得不一样了吗？

敏：可他们不允许我与外界接触，他们觉得我能考个职高，就生活在宁波这里也不错。

师：父母那边我帮你去说服他们，但按照你现在的状态，我觉得是没办法实现想出去的梦想的，你说是吗？

敏：嗯，其实我也不喜欢自己现在的状态，可不知道要怎么做。

师：其实，你现在的表现只是对父母暴力断网行为的反抗，或者你自己并没有意识到，但在潜意识中你感觉这是自己唯一可以做到的。比如开始的时候，我也会觉得你话很少，但聊到未来，聊到外面的世界，你看，你自己马上就兴奋起来了，不是吗？

敏：嗯，我不喜欢他们的做法，（他们的做法）让我很难过。

师：其实，父母只是看你把大量的时间用在上网上，担心影响你的前程，他们也希望自己女儿能够更好，否则也不会找我来帮助你的，你说是吗？

敏：我知道他们是为我好，可我不能接受他们这样的做法。

师：父母的做法是有问题，可你没有跟他们好好沟通，告诉他们你的想法，他们才会"病急乱投医"，采取这样过激的手段，这样说来，你是不是也有责任呢？

敏：好像也有我的问题。

师：我会帮助你的爸爸妈妈去转变教育态度，让他们尽力支持你，但你必须端正心态，慢慢尝试与他们沟通，不要疏远他们，那样他们还会胡思乱想的。

敏：那，我只能先试试看。

师：嗯，我等你的好消息。加油！

与小敏的咨询结束后，咨询师与其家长做了沟通，在小敏在场的情境下，给予其爸爸妈妈一些教育指导建议，希望他们理解并尊重小敏的想法和愿望，在支持小敏合理的发展方向的同时，起到一定的监督和督促作用。父母表示理解，并愿意尝试改变对待孩子的教育方法。咨询师要求父母与咨询师保持联络，以便咨询师随时了解家庭干预举措、进度与效果。

（六）心理辅导效果评估

两个月后，咨询师回访。小敏表示家里的网络已经连上了，父母不会过多干涉她的上网时间，也想跟着学习一些网络知识，但对于上网时间有严格控制（中考前每天不可超过一小时）。小敏能够严格遵守并控制时间，自己的视野开阔了许多，老师问的很多问题都是自己从网上找到答案的，很有成就感，成绩已慢慢提升，也能够很开心地跟父母交流了。

家长评估：我们家那个听话的女儿终于又回来了，而且现在还能够经常跟我们交流，告诉我们很多网上新鲜的事情，我们也准备考虑在网上卖点东西。现在她的成绩慢慢有了起色，老师也说她最近在学校表现不错。

量表测验评估：SDS 抑郁下降到 42，SAS 焦虑下降到 43。测验结果表示，小敏已基本回归到正常健康的心理状态，个别心理辅导已经达到预期的效果。

第四章

小组心理辅导
——一起参加社团活动吧

其实,本书前面三章的部分内容已涉及小组心理辅导。小组心理辅导也是一种团体心理辅导,只是人数较少。本章探讨在学校里人数较少的小团体心理辅导,为区别于班级心理辅导,故称之为"小组心理辅导"。

第一节　小组心理辅导概述

一、小组心理辅导的概念

关于小组心理辅导的内涵，不同的研究者从各自的角度、立场出发，有不同的界定。笔者认为，小组心理辅导是在专业心理辅导教师的组织指导下，4—20名学生发挥团体动力过程的作用，促使个体学生在人际交往中观察、体验、学习、重新认识与准确评价自我，并在安全的实验性的小组社会情境中改变自我、调整与他人关系、练习新行为方式，进而解决小组内每个学生所面临的心理问题或心理障碍。

小组心理辅导的基本原理是"催化"，即发挥小组内的团体动力，在小组中运用自我开放、倾听、澄清、反馈等技术策略，分享有益经验，享受友好关爱的温暖，促进小组学生的自我成长。

一般而言，小组同学就共同关心的问题进行交流、探讨，彼此启发与支持，使学生观察、分析自己与他人心理、行为、反应的异同，从而正确评价自我，增强社会适应能力，改善人际关系，促进学生心理健康与人格成长。小组心理辅导人数较少，更容易营造温暖、信任、支持的小组氛围，更容易为参与的同学提供良好的与他人快速亲近的社会活动场所，更容易使小组成员以他人为镜，反省自己，深化认识。

学校里的小组心理辅导因为操作不是很方便，所以运用比较少。实际上，小组心理辅导以其独有的方式和功能，在学校整体的心理健康教育和个体心理素质训练中发挥着越来越重要的作用。因为小组心理辅导不仅具有矫正性功能，还兼具发展性功能。也就是说，小组心理辅导的意义不仅仅在于通过互动训练来矫正成员的心理问题或心理障碍，增强成员的自我心理保健意识，更在于能帮助提升成员的个人素质和能力，提高小组整体的创造性和协作性，增强凝聚力和工作能力。

本书所讨论的小组心理辅导，只是针对学生的。有专家认为，应该包括以家长为对象的小组心理辅导，主要内容为父母教养方式训练等，还应该包括以教师为对象的小组心理辅导，主要内容是教师压力应对、教师同伴互助、教师角色适应、教师沟通技巧等。笔者认为这些分类很合理，但是，笔者持有"现代学校的有限责任"之观点，所以本书对以家长、教师为对象的小组心理辅导暂不作讨论。但是，本书所讨论的很多理论、实践环节、操作技巧等，同样适用于给家长或者教师做心理辅导。

在当今大力倡导团队精神与团队合作意识的时代，小组心理辅导应该是大有作为的，并可以尝试与其他的学习方式，比如社会实践活动、走班制课堂等，一起开展高效的融合性教育。

二、小组心理辅导的功能

对于学校来说，学校心理健康教育活动、班级心理辅导以及个别心理辅导，能够达到同样的教育目的，为什么一定要选择人数较少的小组心理辅导呢？

理由也很简单：第一，效率高而成本低，小组心理辅导的成员是有共同需求的多个学生，辅导教师借助小组辅导来提供支持建议、帮助个人成长或解决问题，能快速而有针对性地满足更多学生的需求，节省大量精力和时间。第二，小组成员的共同体验与真实生活具有极高的相似性。

小组心理辅导还有更多的功能，用以下研究成果来说明。

（一）小组心理辅导是促进学生心理健康发展的有效途径

在提高学生心理健康水平方面，小组心理辅导有更显著的效果，小组心理辅导主要使组员在充满信任的良好小组气氛中，感受到温暖、真诚和理解，通过小组人际互动，促进他们在交往中通过学习、观察、体验，接纳自我、认识自我、探索自我，改善与他人的关系，调节自身情绪，学习新的态度与行为方式，培养归属感和信任感，进而提高学生的心理健康水平。有研究表明，参加一段时间的小组心理辅导系列活动后，实验组学生的考试焦虑明显改善，自身的和谐程度得到提升，自我监控能力提高显著，对自己有更合理的认识。

（二）小组心理辅导是学生潜能充分发展的有效途径

中小学生正处于生涯规划的探索组织阶段，具有良好的潜能开发基础和可塑性。学校中的小组心理辅导，除能够促进学生自身心理成长外，还能开发学生其他的潜能。中小学生正处在注重朋辈交往的阶段，他们的行为和思想容易受同伴的影响。辅导教师组织伙伴互助式的小组心理辅导，引导伙伴间互相交流沟通、支持鼓励，促进彼此积极发展。

（三）小组心理辅导是提升学生学业成绩的有效途径

统观国内的心理健康教育实践，在高中、初中、小学三个学段，都有利用小组心理辅导这个变量载体进行的准实验研究，开展至少一个学期的学业心理辅导。这些准实验结果数据都表明：对不同学段的学生进行学习小组心理辅导，能够开发学生的学习潜能，提高学习适应性和学习效果。

诸多实践证明，因为经常定期开展小组心理辅导，小组成员之间已经有一种亲密的链接关系，能建立相互支持网络，而且延伸到了小组之外的班级学习生活中，影响和感染了更多的同学，这会使得整个班级的氛围也变得和谐、温暖、放松，全班的气氛与之前相比截然不同。

第二节　小组心理辅导的注意事项

前文所述心理辅导的各种操作技巧，不论是班级心理辅导的还是个别心理辅导的，基本上都适用于小组心理辅导，因此，关于小组心理辅导的操作技巧，本节不再赘述。本节重点讨论小组心理辅导的注意事项。

一、组建心理辅导小组的注意事项

1. 小组的组建要慎重。心理辅导并不是立竿见影的，也不是万能的，更不是对任何学生都有效，所以，不能只是简单粗暴地把所谓问题学生集合在一起，而要根据问题或者主题归类，还要综合考虑学生本人的意愿，如果教师强迫学生参加，效果可能适得其反。

2. 小组规模要适当。人数过少，组员会感到较大压力，教师辅导的成本也比较高。人数过多，组员间不易沟通，参与交往的次数与机会受到很大限制。结合中国学校特色，笔者认为，若是心理障碍学生则 4-10 人组成一个心理辅导小组比较恰当，一般心理问题学生可扩大到 10-20 人，最多不超过 25 人。

3. 小组的团体规范，最好在小组初建阶段由全体组员共同参与制定。规范一旦制定，则必须人人遵守，特别是保密性原则、准时原则等。

4. 要关注心理辅导小组的名称。现在，学校里的小组心理辅导多是结合学校的选修课、社会实践活动等一起开展的，所以可以以"一起参加社团活动"的名义开展小组心理辅导，这样的名义可以在一定程度上减少参与学生的心理压力。

二、小组心理辅导过程中的注意事项

1. 辅导场地注意事项。小组心理辅导最好安排在专门的心理辅导室进行，座位排列最好不要采用教室里的"秧田式"，建议采取圆形排列，这种方式有助于更快地产生小组团体心理动力。

2. 热身活动注意事项。为促进组员彼此了解，拉近距离，克服陌生感，在每一次小组心理辅导开始之前，可用热身活动来激发个人参与活动的热忱。可以用非语言的身体运动比如唱唱跳跳、做游戏等作为热身活动，"大风吹""跑得了、跑不了""互相拍拍背""轻松体操""微笑握手""无家可归"是常用的热身活动。但是，热身阶段持续时间不宜太长，要避免引入的内容与主题不相关，热身活动不要太多，切忌喧宾夺主，也不要千篇一律，注意动静结合。

3. 注意匹配性问题。一旦教师发现某一学生对小组有巨大破坏性，或者学生对小组心理辅导极度不适应，必须妥善地让学生合理退出。

4. 注意设置辅导外作业。为了将小组心理辅导的改变性成果类化迁移到现实生活中，需要每个小组成员在每次辅导结束时，依据本次辅导内容设计一些在家庭、学校以及其他地方完成的作业。这些心理作业要很明确地指出做什么、何时、何地、和谁。心理作业的目的是要制造机会，让学生在真实世界中运用小组心理辅导中学到的东西，实现知行合一。

5. 辅导结束阶段注意事项。每一次小组心理辅导结束时，注意不要总是由教师总结归纳。可以借鉴其他学科授课的灵活方式，比如安排与主题相关的合唱、做手语操等。也可以邀请每一位成员分享体会心得，说一说本次心理辅导活动中自己印象最好的细节、感触最深的事情、最大的收获、最深的感悟、回去后的行动计划等。

第三节　小组心理辅导范例

青春期小组心理辅导由多位教师执教过,感谢最早执教的浙江省宁波市段塘学校魏和斌老师。本次小组心理辅导建议由男教师进行,这里简要介绍流程。

【辅导主题】曾经年少有过梦,少年心事当拿云。

【辅导对象】小学高年级段一个班的男生,20人。

【辅导目标】

1. 认知目标:知道男生的性器官、遗精的定义及原因。

2. 情感目标:能够悦纳自己的性器官,接受遗精事实。

3. 能力目标:不取笑同学的性器官。

【辅导准备】《少年心事》读本、PPT。

【辅导过程】

1. 引入环节。

开场白+约定:今天这次小组心理辅导活动,想和大家做两个约定。第一,尊重、倾听,希望有同学发言时,其他人能学会尊重,认真倾听。第二,保守秘密,这次活动会涉及同学们的一些小秘密,老师能守口如瓶,希望同学们也能保守秘密。

2. 少年心事一:"装备"的大小。

师：同学们对自己的性别应该都很确定，男同学们，你们是怎么来判断自己的性别的呢？

学生回答，教师进行适当引导。

师：随着年龄的日益增长，男性的特征也渐渐显露，在这些特征的背后又有多少心事呢？今天，我们活动的主题就是"少年心事当拿云"，希望今天的活动能让你对自己有更多新的认识。

师：刚刚有人提到，"装备"是判断性别的一个标准，那你们谁知道"装备"有大小之分吗？你有类似的烦恼吗？比如：阴茎可以增大吗？想增大吗？为什么？

学生回答，教师进行适当引导。

PPT呈现：阴茎没有大小。结论：阴茎也没必要增大。

3. 少年心事二：包皮这个事儿。

师：其实，刚刚同学说的顾虑是很常见的，老师的解答一定能让你们消除担忧。

师：下面有个困惑，很多男同胞都会有。一个大胆的男生就打来了电话，让我们一起听听吧。

播放热线电话录音（主要内容为一个男生述说自己包皮长的苦恼）。

师：知道什么叫包皮吗？

学生发言后出示PPT介绍什么是包皮。

师：包皮过长或者包茎是一种疾病吗？有什么害处？

学生发言后出示PPT介绍包皮过长或者包茎的害处。

师：如果你也有电话中小男生的烦恼，你会去医院治疗吗？为什么？

学生发言后出示PPT介绍正确处理方式。

4. 少年心事三：遗精很黄色？

师：随着年龄的增长，雄性激素日益增多，和异性接触时往往会产生生理冲动，接下来一起看看发生在小张身上的故事。

出示PPT：遗精的事例。

师：同学们觉得故事中小张的行为正常吗？为什么？

出示PPT：遗精的定义及原因。

师：你能帮助小张解开心结，回到快乐的状态吗？

小组讨论、团体互动后，一起汇总方法。

5.结束语

师：其实，今天的这三个问题，只是你们成长道路上所遇到问题的冰山一角，这里老师再次向大家推荐自读这本《少年心事》，里面记录了很多你们在成长道路上可能会遇见的问题，当然书里也都一一进行了解答。老师知道图书馆里有很多这方面的书，大家有空的时候可以去借阅。

成长的道路上特别是青春期有疑惑、有坎坷，很正常，希望同学们能积极面对，开心快乐。

第五章

幸福快乐委员
——我不叫心理委员

我国的大学普遍设有班级心理委员，这是借鉴了国外朋辈心理辅导的一些做法。笔者不建议在小学设置班级心理委员，但是倡导在初高中设置心理委员，只是笔者建议心理委员更名为"幸福快乐委员"。

第一节　朋辈心理辅导概述

一、朋辈心理辅导相关概念界定

Peer Counseling 一般翻译为"朋辈（或同伴）心理辅导"，朋辈心理辅导起源于20世纪90年代的美国。由于操作方便，效果较好，朋辈心理辅导形式在美国迅速铺开，规模很大。据统计，大约三分之二的公立高中全面开展了朋辈心理辅导。

朋辈，顾名思义就是朋友、同辈。朋友，是指彼此有友谊或者交情的人；同辈，是指同一辈分者，同辈往往年龄差不多。因此，朋辈往往会有接近的生活理念、生活方法、成长困惑和共同关注的问题。

朋辈心理辅导，就是让同龄人为同龄人做心理辅导，一般是指年龄相当的同学或朋友中，向那些需要心理帮助的同学或朋友，进行心理开导、安慰和支持，提供一种具有心理咨询功能的帮助活动。

美国心理学家马歇尔·卢森堡（Marshall Rasenberg）认为，朋辈心理辅导，是非专业心理工作者经过选拔、培训，在有效监督下，向寻求帮助的年龄相当的受助者提供具备心理咨询功用的人际帮助。当然，相对于专业心理咨询，朋辈心理辅导只能是"准心理咨询"，即非专业心理工作者（学生）成为帮助者，从事一种类似于心理辅导、心理咨询的支持性帮助活动。

朋辈心理辅导者，是指从群体中选拔出来，接受必要而特定内容的专项培训，为同学提供行为示范和心理支援的人。浙江省教育厅相关文件中的"心理互助员"，就是来源于朋辈心理辅导这个概念。根据这个概念的内涵，对于朋辈心理辅导者，笔者不建议称之为"心理委员"，而是称之为"幸福快乐委员"或"幸福委员"或"快乐委员"，本书将使用"幸福快乐委员"这一称谓。

朋辈心理辅导，以人本主义心理学为理论背景，所以，朋辈心理互助的心理学原理可以概括为三点：第一，朋辈心理辅导以尊重、信任为前提条件，相信人是有价值、有能力、有责任感的，必须得到相应的信任和尊重；第二，朋辈心理辅导是一种积极的人际互动过程，是一种建设性的互动关系，因为同龄伙伴有类似的生活环境、相似的文化背景和相近的价值观等，彼此容易沟通和理解；第三，朋辈心理互助的整个过程遵循"他助—互助—自助"的运行机制，是一种民主性的助人自助的过程。

受国外比较成熟的朋辈心理辅导理论影响，最近二十多年来，我国高校进行了积极的本土化操作应用，涌现出大量有意义的探索性成果，但中小学在这方面的探索研究比较少。2010年，葛文辉出版了专著《同伴心理辅导实务》，开始提出了"同伴心理辅导"的概念，初步建构了自己的理论和实施体系。尽管如此，总体而言，中小学朋辈心理辅导方面的研究文献数量不多，比较分散且不系统，诸多实践探索的科学性有待商榷。

本书探讨的是中小学心理健康教育，虽然高校朋辈心理辅导研究为中小学朋辈心理辅导的开展提供了有益的思考方向，其理论与实践路径可资借鉴，但中小学生与大学生毕竟在情感、能力、智力、学业压力、生活重心等诸方面有着明显的差异，因此，基于在一个区域内的创新性实践，笔者反对在小学开展朋辈心理辅导，建议在初高中设立幸福快乐委员制度。笔者的创新性实践，在操作上明显不同于国内很多中小学与大学对朋辈心理辅导的诸多尝试，比如笔者鲜明地反对在初高中实施"一对一"朋辈心理辅导的做法，也反对让学生朋辈心理辅导者参与心理热线、网上咨询的做法。

二、幸福快乐委员的设置

（一）设置幸福快乐委员的可能性

在初高中设置幸福快乐委员，是基于以下两个前提条件：

1. 心理问题就如感冒人人都有，中学生更需要心理帮助。无论什么人，无论地位有多高、名气有多大，也无论从事什么样的职业，只要生活在社会中，就会有各种心理需求。心理需求的满足不可能完全靠自己，其中很多是通过社会、他人获得满足的。心理发展处于被埃里克森称为"同一性关键期"的中学生，其心理困惑、心理问题尤其需要别人的帮助。

2. 社会人可以互相影响，中学生也可从心理上帮助别人。人本主义心理学家提出：人类的本性是爱，人先天就有合作与友爱的潜力，先天就有同情、乐于助人的心理倾向。人之初性本善，人与人之间的关系应当是真实的，应当互相理解和接受，人人都有助人的本性，能够成为促进者、辅助者、合作者和朋友。同理，中学生也有从心理上帮助别人的愿望和行为。

（二）设置幸福快乐委员的必要性

有研究统计，中学生在被心理问题困扰时，选择倾诉的对象排第一的是同学，占了六成多，家长与教师被选择的比例分别只有一成与两成。所以多数学校已认识到：仅仅依靠一位或几位专职或兼职心理健康教育教师进行心理危机的预防、识别与干预，势单力薄，容易顾此失彼，而受过专业培训的幸福快乐委员能够在校园心理危机干预体系乃至全校心理健康教育领域，发挥不可替代的、意想不到的作用。

被筛选出来的幸福快乐委员经过培训，在朋辈心理辅导历程中，除了自身能够拥有"积极改变和助人自助"的理念与初步进行心理辅导的能力，加快自我成长，还自然地与被帮助的同学建立起友谊，促进被帮助的同学积极改变与成长。

（三）在初高中设置幸福快乐委员的优势

1. 覆盖范围广。不论是专职的还是兼职的心理辅导教师，大多只能守株待兔般地等在心理咨询室，不能广泛接触学生，不能深入了解学生的苦恼和不安。而幸福快乐委员不一样，他们每个人都生活在自己的班级中、寝室里，每天都与同学们接触，能够广泛地了解同学们的苦恼。

2. 发现问题及时。学生心理障碍的形成有一个相对长期的过程，往往是"冰冻三尺，非一日之寒"，在学生心理问题逐渐发展为心理障碍的过程中，会在平时或多或少地露出一些端倪，表现出一些异常的行为细节。如果说班主任或者心理辅导教师一般无法照顾到每一个学生个体，那么，经过培训的幸福快乐委员恰恰能够弥补这一不足，往往能觉察到同学们细微的异常变化。

3. 能防患于未然。有的学校不断健全心理健康教育体制机制，建立了"三级防御网络"，幸福快乐委员遍布在全校的各个班级，一旦发现同学有什么异常，就能伸出援助之手；或者他们会及时报告给老师处理，这样能真正做到早预防、早干预，有效防止校园心理危机事件的发生。

4. 易于建立良好关系。幸福快乐委员与同学沟通交流方便，容易互相理解，有着其他形式无法比拟的独特优势，即自然性的鸿沟小，共通性大，防御性低，互动性高。心理辅导与咨询是一个过程，也是一种关系，能给予当事人一种安全感，所以，幸福快乐委员虽然没有专业水准，但由于双方已具有较为可靠的信赖关系，一旦幸福快乐委员掌握心理辅导与咨询技巧，效果往往事半功倍。

5. 利于自身发展成长。幸福快乐委员必须经过专业培训才能上岗，因此随着不断学习与接受培训，他们在帮助同学的同时，也在调整与提升自己，幸福快乐委员在帮助别人的同时也成就了自己。这种助人与自助的过程，促进了幸福快乐委员健康成长。

（四）设置幸福快乐委员的困难

在中学心理健康教育工作中，虽然幸福快乐委员有着不可替代的作用，但是幸福快乐委员制度还处于起步阶段，毋庸讳言，在具体的操作实践过程中，健全幸福快乐委员制度还存在许多困难。

1. 社会认可困难。即使在沿海教育较发达地区，尽管学生很乐意干，家长却不理解这项工作，也会有诸多担心，导致学校建立幸福快乐委员制度有阻力。

2. 人员选拔困难。成为一名合格的幸福快乐委员，至少应具备以下几种素质：正确的自我观念、合理的知识结构、积极的价值观与人生观、良好的沟通技巧、健康的人格特征、认真负责与乐于助人的品质。按照这些特质去选拔，尺度分寸也很难把握，特别是对于成长期的初中学生。

3. 培训过程繁杂。培训基本上要分为两个层面。首先，是对培训者的培训，即对负责这项工作的心理健康教育专职教师的培训，要对其进行理念革新与操作实务的培训，这一层面的培训显得尤为迫切和重要。笔者就曾亲自开设有关讲座，开展幸福快乐委员培训课，作为给全区心理健康教育专兼职教师的示范。其次，是对幸福快乐委员的培养和训练，使其掌握一定的心理学知识和心理辅导技术。师生两个层面的培训，学科技术含量高，时间也很长，工作量大。

4. 意外不可避免。幸福快乐委员都是由学生担任，毕竟不是专业人员，只能定位于下面章节会详细介绍的"三保"功能。心理辅导过程是复杂的，无法避免各种意外而造成的风险，比如个别学生有了心理问题，可能不敢向老师求助，而一味相信幸福快乐委员，这样就很有可能贻误时机，造成心理问题的快速恶化等。

无论如何，在中学建立幸福快乐委员制度开局有难度，但是，我们不能因噎废食，即使现阶段有不足、有风险，我们也要主动去预防、去控制、去解决。这就涉及中学生幸福快乐委员的功能定位、有限责任、实施过程等，如果顶层设计科学合理，那么很多问题便能迎刃而解。

第二节　幸福快乐委员的功能定位

通过查阅国内外文献，并结合在学校二十多年的一线实践探索，笔者最后总结提炼出"3-5-10模式"，即初中以上学校幸福快乐委员的"三保"功能定位、五项有限职责、十字工作要点。

一、幸福快乐委员的"三保"功能定位

幸福快乐委员的"三保"功能即自我保护、他人保密、异常报告。

一保：自我保护。幸福快乐委员首先要明确的功能定位是对自我的保护，这是一个大前提。无论何时何地何种情况，都需要保障幸福快乐委员的身心安全。任何要求或任务与此冲突，都要参照这一条。因此，幸福快乐委员制度的首要原则是自我保护。

二保：他人保密。心理辅导最重要的原则是保密的原则。因为工作关系，幸福快乐委员可能知道个别同学的一些秘密，如家庭隐私等，保密是对同学隐私和人格的最大尊重，也是相互信任的基础。幸福快乐委员要意识到：相关信息绝不能成为茶余饭后的谈资，更不能主动传播同学的隐私，一般情况下要拒绝告知他人。

三报：异常报告。这是设置幸福快乐委员的初衷，也是幸福快乐委员

最重要的职能,一旦发现班级里有的同学出现了心理危机的苗头,要及时报告给学校里最适合的人——心理教师、班主任或者校领导,第一时间防止校园心理危机的发生。

二、幸福快乐委员的五项有限职责

在"三保"功能定位的基础上,延伸出初中以上学校幸福快乐委员的五项有限职责。

1. **观察职责**:在不影响自己学习、生活的前提下,观察了解本班同学心理健康的基本情况,协助教师完成一月一次的班级同学心情"晴雨表"。心情"晴雨表"的样式可以根据不同审美与学校标识另行设计,基本内容见表5-1。

表 5-1　班级同学心情"晴雨表"

班级同学心情"晴雨表"
班级:　　班主任:　　填表人:　　时间:
基本情况:
特殊情况:

其实,以上心情"晴雨表"只是一种形式,完成班级同学心情"晴雨表"的实质是建立心理危机联系制度,以便班主任或心理教师定期了解班级内的心理动态,预防严重心理问题的发生,或者对更严重的心理障碍进行预警。

2. **宣传职责**:利用墙报、班务会、广播、手抄报、自制绘本、公众号、微视频等各种形式，宣传心理健康知识。在学校的心理健康教育系列活动中，幸福快乐委员也可以发挥重要作用。

3. 报告职责：发现同学的异常心理现象，应该及时向心理教师或班主任汇报。班级同学心情"晴雨表"，是每月一次定期（月初或月底）汇报。如果有同学突发心理问题，就需要特事特报，及时汇报。这里要注意报告的对象，可以根据报告的内容、时效选择不同的报告对象——心理健康教育专兼职教师、班主任、政教主任、校长，还可拨打区域的心理健康教育指导中心热线电话，紧急时可拨打110、119。

4. 陪伴职责：对个别有心理问题的同学，在可能的情况下，幸福快乐委员进行劝慰性的陪伴。"可能的情况下"指各种条件允许，包括但不限于双方同学都愿意、都有时间。

5. 辅助职责：协助班主任或者心理辅导专兼职教师，做好管理学生心理健康档案等琐碎事务性工作，提升幸福快乐委员各方面能力。

三、幸福快乐委员的十字工作要点

那么，中学的幸福快乐委员日常究竟具体干一些什么活儿呢？其实，跟五项有限职责是联系在一起的。

1. 受训：学校心理健康教育专职教师要定期、有计划地组织幸福快乐委员参加业务培训，使之掌握心理咨询方面的基础知识和基本技能，在清晰地知晓自己有限责任的基础上，更好地发展自我与服务同学。参加针对性培训，不仅是幸福快乐委员的义务与责任，也是一种福利。

2. 观察：充分利用在校时间，观察、了解本班同学的心理状态，积极地与同学进行沟通交流，填写班级同学心情"晴雨表"，发现同学的异常心理或与同学相关的突发事件（如家庭危机）等。

3. 宣传：利用学校广播站、宣传窗和黑板报、手抄报等各种载体，协助老师宣传心理健康知识；积极发动同学参与学校和班级组织的心理健康教育主题班会、团体辅导、班级活动等，并能承担一定工作任务。

4. 报告：上交班级同学心情"晴雨表"，与教师一起探讨问题学生的行为和心理异常状况，以便教师把问题学生及时转介到学校心理辅导咨询室，接受专业的个别心理辅导。对即将或可能发生的校园危机事件，及时向心理辅导教师或班主任反映，并在保护好自己的前提下于有限责任内协助教师。

5. 协助：辅助教师开展各项心理健康教育工作。在此项工作中，幸福快乐委员只是教师的辅助性配角，不是主角。如自愿学习一些心理学知识，向学校刊物、广播站投稿；如协办全校或班级心理沙龙，帮助老师选取同学所关心的热点、难点、盲点话题作为沙龙的主题；如协办心理健康教育知识讲座或竞赛，协办心理征文、心理漫画评比、心理电影赏析等各项活动。

四、幸福快乐委员的特质与心态

（一）幸福快乐委员的特质

作为心理健康教育改革的重要内容，在民主选拔幸福快乐委员时，建议一个班级可以推选至少男女各一名同学担任，主要是为了便于委员之间商量讨论。在个别学校，委员的数量也可以视情况增加到一正二副，以提高心理危机防范质量。

但是，班主任或者心理健康教育教师要特别注意其基本条件。（1）意愿与兴趣：自己有浓厚的兴趣和比较强烈的意愿，如果本人不想当，或者父母反对，绝对不要勉强该同学。（2）品德与性格：乐于助人，善解人意，开朗大方。其实，性格无论是内向还是外向都是可以的，最重要的是靠谱，应该善于观察、同理心好、认真负责，不能是随随便便或健忘的性格。

（3）思维与表达：思维敏捷，口才良好，能说服同学，有一定的影响力。

（4）组织与纪律：能团队合作，保守秘密，服从指挥。

另外，在海选或者竞选过程中，有条件的高中学校建议使用人格量表进行筛选性测量，但必须做好测量前后的保密工作，建立个人成长档案。对于落选的学生要保护其积极性，谈话时谨慎用词，甚至可以实行 AB 岗、后备轮流制。

在与中学生接触时笔者发现，优秀的幸福快乐委员有"三高"特质：（1）高自信。能自我欣赏悦纳，知道自己的优点与弱点，包容自己的缺点，能主动开放。（2）高人商。对他人真诚，能尊重信任他人，与人沟通能力强。（3）高智商。不一定是班级成绩最好的，但成绩一般是班级前 15%，能不断学习心理学知识，掌握并运用一定的心理辅导技术。

（二）幸福快乐委员的心态

幸福快乐委员也是成长中的孩子，也可能会有这样那样的心理状态，这很自然。班主任与心理教师同样要关注他们的心态，及时加以开导，预防不良心理的产生。

1. 畏难怕事心态。一部分同学包括班主任会感到幸福快乐委员这个新生事物做起来有难度，缺乏动力，或者有"多一事不如少一事"的被动心态。这是很正常的。首先，对幸福快乐委员的功能定位、有限责任、工作要求，学校领导要宣传准确、到位，只有这样，这项工作才能顺利进行下去；其次，可以通过建立试用制与轮岗制的方式来解除幸福快乐委员的后顾之忧。

2. 过分自大心态。有的学生高估自己的能量，错误地认为可以解决同学的所有心理问题。这种勇于担当的心态要保护，但也要在培训时明确幸福快乐委员的行为规范，给他们打一些必要的预防针，预防过于自信心态的发生。

3. 封闭孤独心态。有的幸福快乐委员会感觉压力太大，在日常生活、学习、交往中过于谨慎小心，在认知上强化了保密功能的神秘性。教师在培训时，不要将幸福快乐委员神秘化，还要善于暗示——当了幸福快乐委员，其实没太大的变化，即使因口快而讲了什么也没关系，让委员同学放轻松。

4. 权威自居心态。跟过于封闭的心态刚好相反，有的同学会认为自己接受了专门培训，好歹也是明星干部，很爱表现心理学知识，在同学中过于炫耀，喜欢指导同学，口若悬河，滔滔不绝。这样容易引起同学们的反感，起不到观察同学、帮助同学的作用。这种情况也需要教师及时提醒。

5. 挫折挫败心态。由于自我期望值过高，有的幸福快乐委员一开始工作积极性很高，但是在实际工作中一旦遭遇挫败，如被同学阻抗、效果不佳、产生失误，马上闷闷不乐，积极性下降。这种心态也需要教师及时发现、随时疏导，在改进其方式方法的同时，及时鼓励支持。

第三节 幸福快乐委员成长培训机制

由于初高中设置幸福快乐委员,是一种新生事物,需要因地制宜积极探索,所以,对这些同学进行必要的定期培训尤为重要。

一、幸福快乐委员的培训内容

(一)工作意义类培训

1. 要把幸福快乐委员的功能定位、职责内容、工作方式、运行方法等,明确地传达给幸福快乐委员。要让他们认识到,成为一名幸福快乐委员,自己不仅能学到很多心理学方面的知识与技术,而且能学会关心别人,接纳别人,学会做人,学会与他人共处。

2. 要让幸福快乐委员比较深入地理解在初高中建立幸福快乐委员制度的作用,即:(1)体现"以学生为本"的教育理念,能够有效发挥学生的主动性和积极性。(2)同伴对学生个体有特殊影响,作用较大,这种影响和作用是成人或专家无法替代的,因此幸福快乐委员制度能较大限度地满足不同学生多层次心理援助的需要,弥补专兼职心理健康教育教师的不足。(3)幸福快乐委员制度通过学生互助实现自助,能有效提高学校心理健康教育水平等。

3. 从初级理论入手，让幸福快乐委员了解同伴辅导的意义，即：心理辅导是一种人际积极互动的过程，同龄伙伴有相近的价值观和文化背景、类似的兴趣爱好，彼此之间容易沟通理解；心理辅导是一种民主性的助人自助的过程，以他助—互助—自助为机制。

（二）心理学知识类培训

主要包括初步的心理学理论基础和有关心理测量方面的内容。

1. 心理学知识：包括心理健康的概念界定、简易心理测量量表的优点与局限、经典心理学流派的优缺点等，需要重点介绍的是积极心理学的内涵、要义与操作，内容参见第二、三、四章。但是，限于培训时间和学生接受能力，有的内容不得不点到为止，建议开列书单，让有兴趣的学生自主学习。

2. 有关心理测量方面的内容：包括智力测量、创造力测量、人格测量等心理测量的主要内容与主要测量方法。考虑到培训时间有限，可以只是简单地介绍各种心理测量形式，内容参见第六章。心理测量的变化性与局限性也可讲一些，但是心理测量的信度与效度问题就超出了初中、高一学生的认知范围，建议基于学生个人能力和需要，以自主学习为主。

（三）辅导技术类培训

幸福快乐委员的培训，当然要涉及简单易操作的心理咨询和会谈方面的技能、技巧。要特别注意进行积极倾听与反应性倾听能力的训练，即用言语或非言语的方式来表达自己倾听时的感受和情绪，以增强双方的情感共通，这是一种参与技能，有助于双方对情绪的理解和对问题的深入探索。有如下内容供参考：

1. "共情"的技术

助人者要设身处地而不是从辅导者自己的坐标去理解求助者。朋辈心理辅导中的"共情"有如下特点：（1）不是以辅导者自己为参照框架，而是设身处地地体验当事同学的感受。（2）多采用探索性、尝试性的语言与语气来表达自己的观点。（3）言语表达与非言语表达相结合。（4）尽量适时、适度，要有开放性、模糊性。（5）兼顾同学的特殊性与文化背景。

"共情"练习与实践的建议：（1）澄清，尝试把同学所表达的意思讲清楚，复述也行。（2）运用想象，使自己仿佛身临其境。（3）丰富关于情绪的词汇。（4）常照镜子，对自己的表情做到心中有数。

2. 真诚与自我流露的技术

没有做作和虚假，做真实的自己。不因自我防御而掩饰或者修改自己的想法，不取悦对方，不文饰或回避自己的失误或短处。具体做法有：（1）走出角色，忘记自己是幸福快乐委员。（2）自然地表达自己，没有造作或刻意，当然这并不意味着可以随心所欲地表达消极、负面的情感。（3）表里一致，情感和言行相辅相成，尽量避免自我防御。（4）与他人分享自我的故事，恰当地自我流露（自我揭示、自我暴露）。

自我流露的内容与心境，应与求助同学叙述的内容有密切关系，自我流露持续的时间不要太长。幸福快乐委员的自我流露，可产生开放而有益的气氛，缩短双方距离，增加求助同学暴露自己的程度，促进其情感表达，从而帮助求助同学形成新视角。

3. 尊重与温暖的技术

尊重技术指对求助同学的现状及价值观、权益和人格予以关注、接纳与爱护，以积极肯定的态度看待求助同学，相信他身上总有一些积极的因素，相信他有改善的空间和成长的潜力。其实，这是所有心理咨询双方建立良好关系的重要前提，是有效助人的条件。因为尊重不仅意味着以礼待人，还意味着真诚地信任。尊重不是赞同求助同学的观点与选择，而是在某种意义上是保护求助同学的隐私。

以尊重为基础的温暖技术层次更高。温暖是一种情感基调，更是一种自然而然的感情流露，如果没有温暖亲切的表示，各种特殊的策略和干预措施就可能在技术上是正确的,但在辅导疗愈上却是无力的。对求助学生而言,温暖往往不需要华丽的辞藻,不需要伟大的举动,温暖或许是一句暖心的支持性的话,或许是一个贴心的鼓励性的行为。

4.具体化技术

与求助同学交谈时,话题能指向具体而微小的细节,使重要的事件及个体情感得到进一步澄清,以便准确清晰地理解求助同学。具体化技术主要运用在三个时间节点:(1)表述的问题模糊不清时。(2)陈述过分概括化时。(3)所用的词句概念不清时。

5.即时性技术

帮助求助同学时注意此时此地的情况,而不要过分关注过去和未来,对此时此地此情及时做出相应的反应。即时性有四个层次:第一层是忽略,第二层是拖延、搁置,第三层是不具体但开放,第四层是明了的、即时的。

6.面质技术

又称正视技术、对峙技术,指不回避、不掩盖矛盾与问题,反而将矛盾与问题挑明,使求助同学不能逃避问题,不能回避矛盾,必须做出一定的反应。

面质技术常会涉及三类矛盾:第一,求助同学的理想自我与真实自我不一致,或与认识上的自我不一致,这涉及求助同学自我评价不恰当的问题。第二,求助同学的情感、思维与实际行动不一致,这涉及求助同学自我感受不恰当的问题。第三,理想很丰满而现实很骨感,想象的与现实的世界不一致,这涉及求助同学认识世界不恰当的问题。所以,运用面质技术时要注意四点:第一,要有事实根据,前提是有把握。第二,要在准确地共情与理解求助同学的基础上进行。第三,试探性、尝试性地使用面质技术,感觉不对时赶紧停止使用。第四,采取逐步接近的方式。

必须提醒,幸福快乐委员培训涉及的心理辅导咨询的技术很多,考虑到学生的认知水准与接受能力，一般选择浅显的内容，介绍大概即可。即使是练习，也不需要太高的水准。

二、幸福快乐委员的培训方式

幸福快乐委员的培训完全可以不拘泥于形式，以下几种仅供参考。

1. 讲座灌输式：最集中、简便、高效的形式，建议在全校幸福快乐委员培训时使用，但不要一灌到底。

2. 拓展自学式：符合个性化提升的需求。培训教师开列阅读书单，学生自主购买学习。建议学校购买一些有针对性的心理学书籍，放在心理咨询室、学校图书馆等处，供幸福快乐委员借阅。

3. 年级研讨式：不同年级的学生有不同的心理需求与困惑，而且在时间上不同年级也不方便统一安排，因此，建议组织同一年级的幸福快乐委员定期研讨商议。

4. 外出拓展式：这是增加幸福快乐委员团队凝聚力的好方法，建议开展野外拓展训练，至少一年一次，一学期一次更佳。

5. 集体辅导式：因为幸福快乐委员们所承担的工作、所遭遇的困惑类似，所以建议针对某个主要问题开展全校幸福快乐委员团体辅导，从而提高幸福快乐委员的工作效率。

6. 个别提升式：对于极少数工作方法需要改进、工作能力需要提升的幸福快乐委员，进行个别会谈，传授咨询技巧。

7. 网络平台式：互联网技术为心理健康教育工作带来了新的机遇，辅导教师可通过建QQ群、微信群等方式与幸福快乐委员点对点联系，既让培训的时空得到了延展，又可以在第一时间解答幸福快乐委员的困惑。

8. 总结提炼式：提倡幸福快乐委员写心得体会、先进事迹材料等，这种方式既能促使幸福快乐委员反思提升，又能使学校档案可见、有迹可循。

9.表彰激励式：建立年度幸福快乐委员考评与奖励制度，能有效激发幸福快乐委员的工作积极性，也能不断规范其工作，提高其工作能力。建议采用自评为主他评为辅、定量与定性评价相结合、效果评估与过程评估相结合等多维评估模式。与学校的其他评优评先一样，对优秀的幸福快乐委员一定要给予校级奖励和表彰。

三、幸福快乐委员培训的注意事项

培训幸福快乐委员时，培训教师要重点强调以下几点：

1.幸福快乐委员要保持自信开朗（对自己）、接纳宽容（对同学）的心态，灵活利用同辈间的共同性优势，与同学形成尊重、信任和友善的关系。

2.幸福快乐委员要明确自己的职责是有限的，毕竟不是专业的心理咨询工作者，自己的知识、能力、经历决定了只能对求助同学提供有限的支持与帮助。幸福快乐委员尽力去调节同学的不良情绪，没有必要也没有能力为同学做专业的心理咨询。所以，当幸福快乐委员感到力不从心或遇到超出能力的困难时，要及时报告、转介。

3.幸福快乐委员要有自我保护的意识，尽量避免来自受助同学的沮丧、悲伤、愤怒等消极情绪的感染，最重要的是不能把受助同学的负面情绪带到自己的生活中，要明确自己不是"垃圾情绪回收站"，而只是"垃圾情绪处理站"。

4.幸福快乐委员同样要遵循辅导与咨询的道德规范，不可利用受助同学产生的感恩、感激之情，为自己谋取私利或发展其他的利益联结。特别是在观察与帮助异性同学时，更要注意情感的分寸。

第四节　幸福快乐委员培训范例

本节介绍笔者设计并执教的一个培训幸福快乐委员的案例《我快乐，你快乐；你快乐，我快乐》，培训对象为某区重点初中总部所有的幸福快乐委员，共35人。本次培训实质上是一次对幸福快乐委员的团体心理辅导，是该校第一次对幸福快乐委员进行有针对性的培训，听课者还有全区所有专职初中心理辅导教师。具体流程如下：

一、导入热身阶段

这个阶段的关键词有三个：关系、规则、前测。对应的主要内容也有三项：一是培训者自我介绍，并与幸福快乐委员（受训者）建立良好的关系。二是介绍心理辅导室的规则。三是了解受训者的培训需求，这一项需要培训者课外开展范围相对较大的调查，并将调查结果分类汇总，以便本次培训更有针对性。

初中幸福快乐委员之团体心理辅导 PPT1

◆ 你是谁？
- 自我介绍 + 欢迎同学与听课老师 + 提问采访

◆ 工作坊规则
- 与众不同的课堂：尊重、互动、分享、工作、奖品
- 结束时间约定

◆ 我们是谁？
- 同质性 / 异质性的前测
- 发放工作纸，请大家做一个座位牌，正面写上班级、姓名

◆ 幸福快乐委员及其职责
- 你认为你们应该做什么或能做什么？
- 你们已经知晓了什么？
- 你们愿意接受怎样的培训？

工作纸是一张 A4 白纸，反面可进行 HTP 测试、让学生书写困惑等，这个工作纸要在团体心理辅导完成之后上交，供教师掌握这些同学的真实心态与情况。

二、呈现问题阶段

这个阶段的关键词也有三个：倾诉、宣泄、调查。

在工作纸上写下当选幸福快乐委员的焦虑度（0–10 分）；现场以鼓掌的形式（不是有压力感的举手的形式）统计自评焦虑度四个等级 0–3 分、4–6 分、7–9 分、10 分的人数。请自评 7–10 分的高分同学分享自己的焦虑内容，辅导教师加以赞同、肯定并表扬。在同学分享困惑时，有类似烦恼的其他同学以鼓掌表示赞同。这些辅导的环节设置不仅可以减少受训者的压力，

而且可以使现场气氛热烈。

初中幸福快乐委员之团体心理辅导 PPT2

- 作为幸福快乐委员，你有什么困惑、矛盾？有什么纠结的问题？
- 你说，我说，大家说……
- 小组讨论，集体宣泄
- 焦虑度刻度化表示 0-10 分
- 以鼓掌的形式分别统计 0-3 分、4-6 分、7-9 分、10 分四段的人数
- 请自评 7-10 分的同学分享自己的困惑，有类似烦恼的同学鼓掌表示赞同
- 汇总困惑并分类
- 你还有什么特别的问题？也可以写纸条交给老师或者课后沟通

三、解决问题阶段

这个阶段的主要内容有三项：第一，认知灌输，稀释烦恼。第二，赋予意义，提升使命。第三，能力培训，答疑解惑。

这里是重头戏。首先，要交代清楚具体工作类的内容：意义使命、有限职责、具体工作内容、方式方法等，内容详见本章第二、三节和第三章第三节。然后，要介绍一些心理学知识类的内容，比如心理健康的相关概念、简易心理测量量表及其局限、浅易心理咨询方法、人际沟通技术、经典心理学流派等。第三，要介绍幸福快乐委员的培训课程内容体系等。

在本阶段，辅导形式可以更活泼一点，可以做一些 PPT 内部的内容链接，让学生们决定先讲什么后讲什么，让学生有掌控感。

四、总结反馈阶段

这个阶段的关键词是：深化、影响、后测。总结反馈阶段很重要，要留够 10–15 分钟，让学生谈体会、讲收获、叙述印象最深的环节或事件。注意：培训者要及时纠正同学们将幸福快乐委员责任扩大化的表述。

建议 PPT 呈现文字：朋辈辅导，携手同行，助人自助，共同成长。

最后的结语建议：青春是美丽的，青春是多彩的，但是，青春面临的挑战也是严峻的。大家都希望学校心理健康教育工作能得到更快的发展，否则，不知道会有多少同学会因为无知而在心里留下点点遗憾、斑斑伤痕，甚至误入歧途。感谢各位幸福快乐委员的参与，希望你们也天天快乐，走向幸福！

第六章

学校心理测量
——有必要测一测吗

本章所论述的学校心理测量,主要是面对学生的心理测量。在学校心理健康教育的过程中,心理测量当然是必不可少的检测手段,除了用于学生具体心理症状的诊断,还可用于人才选拔、学生择业指导,与教育评价、教育科研也密切相关。

第一节　学校心理测量的定义、分类

一、学校心理测量的定义

心理测量是心理学领域的一门学科，而学校心理测量是具有自身特征的心理测量。学校心理测量，指在学校内，依据一定的心理学理论，通过客观的、标准化的测量手段，检测师生个体的行为、能力和个性特质的差异性的一套测验测量程序和方法。施测对象主要是学生（也可能是教职工），主要使用定量的方法，也兼用观察法、问卷法、访谈法、实验法等定性的方法。

作为一门生机勃勃的学科，学校心理测量既有很强的理论性，又有很强的操作性。但是，心理测量只是心理评估的一种方法，与物理测量有着明显的区别。

学校心理测量是通过学生行为表现进行的间接测量，会受多方面因素的影响甚至干扰，几乎无法做到绝对准确，会不可避免地产生一定的误差。同时，如果学生知道自己是处于被观察、被检测的状态中，便会产生一些不自然的反应——心理学上称之为"伪装好"或者"伪装坏"，这会严重影响测量结果的准确性，虽然多数量表已经设计了伪装分值加以矫正。

通常来说，一个人某一方面的心理特征可以表现在多种行为上，而编制测量量表的心理学家们，只能选一种或两种行为作为测量样本，因此样本的典型代表性程度对测量结果具有重要影响。因此，首先要保证检测过程的效度和信度，其次在知晓测量的结果后，也要关注本土化、标准化解释问题，需要以中国学生常模为参照。

二、学校心理测量的分类

学校心理测量分类的标准主要有测量功能、测量人数、测量个体、测量内容的呈现方式、测量使用的材料、测量解释的标准等。依据的标准不同，学校心理测量有不同的分类。

（一）根据测量功能进行分类

通常分为人格测量、能力测量、成就测量三种。

1. 人格测量：主要用于测量学生气质、性格、动机、态度、兴趣、情绪、品德、信念、价值观等方面的个性心理特征，即个体特性中除去能力的部分。国内已经效验的、信效度较高的人格测量方式主要有 MMP（明尼苏达多项人格测量）、16PF（卡特尔 16 因素人格测量）、EPQ（艾森克人格测量）等。由于中小学生处于成长发展期，尚未定型，不建议进行人格测量。

2. 能力测量：可分为潜在能力（潜力）测量与实际能力（实力）测量。潜在能力测量又称为能力倾向测量（性向测量），可分为特殊能力测量与普通能力测量（智力测量）。特殊能力测量多用于测量个体在美术、音乐、机械、体育、飞行等多元智能方面的特殊才能或创造力。

3. 成就测量：主要用来测量个体经过一些针对性的教学、教育或训练之后，对知识和技能的掌握程度。所测得的主要是学习成绩，因此称为成就测量，最常见的就是各级各类学校中的学科教学测量。

也有部分学者提出能力测量和成就测量的区别在于，能力测量是在不大确定的情境中或者是较少控制的情况下自然学得的结果，而成就测量则是在比较确定的情境中（如学校）有计划、有专题学习的结果。

（二）根据测量人数进行分类

根据一次测量人数的多少，心理测量可分为个别测量和团体测量两种。

1. 个别测量：由一位主考和一位被测试者面对面进行，主考可较多地控制测量进程，较好地观察被测试者的反应，比较适用于儿童、文盲等特殊群体。其缺点是需要花费较长时间才能收集到大量资料，且个别测量程序复杂，主考需要较高的专业素质与专业水准。

2. 团体测量：同一时间内由一位主考和一位或多位助理对很多人开展的测量。其优点是效率高，可在短时间内收集到大量资料；其缺点是不易及时掌控被测试者的行为，容易产生测量误差。

（三）根据测量材料进行分类

根据测量过程中所用材料，心理测量可分为语言文字测量和操作测量两种。

1. 语言文字测量：大多数测量的题目以文字或语音的形式呈现，受测者也要用文字或语言作答。它可以测量人类高层次的心理功能，其编制和实施也较易操作。缺点是儿童、文盲或者语言有障碍的人不适用，也有跨文化的因素需要矫正。

2. 操作测量：以实物、符号或图形为测量材料，受测者作答无须使用文字，以操作回应或表达。优点是较少受文化因素的限制，缺点是耗时太多，团体施测不易。

（四）按测量难度进行分类

一般可分为速度测量和难度测量。

1. 速度测量：题目简单，一般限时较短，题目数量较多。

2. 难度测量：包括各种不同的题目，测量解答难题的最高能力，做题时间充足。

（五）按测量解释进行分类

一般分为标准参照测量和常模参照测量。

1. 标准参照测量：是将被测试者的最终得分与某种标准进行比较，达到标准就合格，如各种学业水平测试、职业考试、托福考试、大学英语四六级考试等。

2. 常模参照测量：是将一个人的最终得分与其他人最终得分比较，看此人在整个团体中所处的分数位置。按照名次录取的所有选拔性考试都属于此类，最典型是高考。

必须指出，以上几种分类不是绝对的，如果从不同的角度分类，同一个测量也可能被归为不同的类别。

第二节 学校心理测量的特点

一、学校心理测量的间接性

心理测量是一种间接的测量，与物理现象的直接测量不同，人类尚无法直接测量人的心理，只能测量人的外显行为。心理学家用动物与人做实验，统计大样本数据，分析后得出结论。比如巴甫洛夫的经典条件反射实验，用狗的唾液分泌来推测其大脑的高级神经活动，这是一种间接的测量。心理学特质理论认为，由于特质是从行为模式中推论出来的，心理测量只是测量了一个人对测量项目所进行的行为反应，心理学家对测量结果进行推论，从而间接了解人的心理属性。因此，学校心理测量自然也有间接性的特点，对测量结果也一样不能过度相信。

二、学校心理测量的相对性

人的行为与心理活动大多具有因果关系，由"果"可推测"因"，这是心理现象可以间接测量的最根本的理由，由果推因也是科学研究的基本方法之一。但是心理测量中的因果关系也有可能只是相关关系，有时不能够证明确实互为因果，所以心理测量就存在一个相对性的问题。学校心理测量肯定需要对学生的行为进行观测，但没有绝对的标准，比如智力测量是与其他同学相比较而言的，而且学校心理测量的标准也是随着地域、时代而变化的，没有永恒的标准，因此学校心理测量是相对的。

三、学校心理测量的变化性

对学生无论是进行能力测量还是成就测量，所测得的结果都是个体学生在其先天基因或者母体环境条件下加上后天学习与环境的结果，虽然先天基因与母体环境已经不能改变，但是后天的环境与个体的主观努力会导致不同时段对同一个人的心理测量结果发生变化。换言之，学生是不断发展变化成长中的个体，学校心理测量主要是针对成长中的学生，所以测量结果可能是变化的。

心理测量自问世以来，便受到心理学家们褒贬不一的评价。有人认为，心理测量的信度与效度极好，甚至是完美无缺的；也有人认为，心理测量是无用而且有害的：这两种极端的看法都是对心理测量的误解。对于心理测量的正确态度应是以下三点：心理测量是研究心理学的一个重要方法，是决策的辅助工具；但作为一个研究手段与测量工具，尚不完善；为更好地发挥心理测量的效能，必须防止其乱编滥用。因此，区别于成人的心理测量，学校心理测量更要警惕心理测量的局限性。

第三节 常用学校心理测量

如果在网上搜索"学校心理测量有哪些",常会搜出 SCL-90 项自觉症状评定、个人评价调查、心理年龄测评、考前身心健康测试、学习心理综合诊断、学生人际关系和谐性测试、学生人格测量等近 70 项大众心理测评。然而,这些心理测评真的全都适合中小学生吗?中小学生本身就是孩子,基本没有必要搞什么心理年龄测评;学生是发展中的人,很多关于考前身心健康的测试也根本经不起推敲;笔者也不建议对中小学生进行人格测量;SCL-90 量表确实是世界上使用最为广泛、最著名的心理健康测试量表之一,而且是针对精神障碍和心理疾病的量表,其适用对象主要为 16 岁及以上的人群。所以,本节介绍四种科学性较强的学校心理测评适用的量表,以正本清源。

一、考试焦虑测量:TAS 与 TAI

(一)TAS 考试焦虑量表

TAS 考试焦虑量表(Test Anxiety Scale),由美国华盛顿大学心理系欧文·萨拉森(Irwin G. Sarason)教授于 1978 年编制完成,国际上使用广泛,尤其适合大中学生群体使用,可进行个别测试,也可进行团体测试。一般在考试阶段使用，也可在平时使用。TAS 共 37 个题目（见表 6-1），中学生的完成时间一般在 5 分钟之内。

表 6-1　TAS 考试焦虑量表

请仔细阅读并根据自己的实际情况作答，每一道题都有"是"或"否"两种答案。请在对应的格子里打"√"。

内　　容	是	否
1. 当一次重大考试就要来临时，我总是在想别人比我聪明得多。		
2. 如果我将要做一次智能测试，在做之前我会非常焦虑。		
3. 如果我知道将会有一次智能测试，在此之前我感到很自信、很轻松。		
4. 参加重大考试时，我会出很多汗。		
5. 考试期间，我发现自己总是在想一些和考试内容无关的事。		
6. 当面对一次突然袭击式的考试时，我感到很怕。		
7. 考试期间我经常想到会失败。		
8. 重大考试后，我经常感到紧张，以致胃不舒服。		
9. 我对智能考试和期末考试之类的事总感到发怵。		
10. 在一次考试中取得好成绩似乎并不能增加我在第二次考试中的信心。		
11. 在重大考试期间，我有时感到心跳很快。		
12. 考试完毕后，我总是觉得可以比实际上做得更好。		
13. 考试完毕后，我总是感到很抑郁。		
14. 每次期末考试之前，我总有一种紧张不安的感觉。		
15. 考试时，我的情绪反应不会干扰考试。		
16. 考试期间，我经常很紧张，以致本来知道的知识也忘了。		
17. 复习和重要的考试，对我来说似乎是一个很大的挑战。		

续表

内　容	是	否
18. 对某一门考试，我越努力复习越感到困惑。		
19. 某门考试一结束，我试图停止有关担忧，但做不到。		
20. 考试期间，我有时会想我是否能完成学业。		
21. 我宁愿写一篇论文而不是参加一次考试，作为某门课程的成绩。		
22. 我真希望考试不要那么烦人。		
23. 我相信，如果我单独参加考试而且没有时间限制的话，我会考得更好。		
24. 想着我在考试中能得多少分影响了我的复习和考试。		
25. 如果考试能废除的话，我想我能学得更多。		
26. 我对考试抱这样的态度：虽然我现在不懂，但我并不担心。		
27. 我真不明白为什么有些人对考试那么紧张。		
28. 我的很差劲的想法会干扰我在考试中的表现。		
29. 我准备期末考试并不比准备平时考试更卖力。		
30. 尽管我对某门考试准备得很好，但我仍然感到焦虑。		
31. 在重大考试之前，我吃不香。		
32. 在重大考试前，我发现我的手臂会颤抖。		
33. 在考试前，我很少有临时抱佛脚的需要。		
34. 校方应该认识到有些学生对考试较为焦虑，而这会影响他们的考试成绩。		
35. 我认为，考试期间似乎不应该搞得那么紧张。		
36. 一接触到发下的试卷，我就觉得很不自在。		
37. 我讨厌老师喜欢搞突然袭击式考试的课程。		

评分方法:"是"记1分,"否"记0分,但其中3、15、26、27、29、33题为反向记分,即"是"记0分,"否"记1分。

结果分析:总分11分及以下,考试焦虑较低水平;12-19分,考试焦虑中等程度;20分及以上,考试焦虑较高水平。

(二)TAI考试焦虑量表

TAI考试焦虑量表(Test Anxiety Inventory),由美国斯皮尔伯格(C. D. Spielberger)教授制定,共20题(见表6-2),具有简单易懂、适用面广、可信度高等特点,是世界上常用的考试紧张度量表。

表6-2　TAI考试焦虑量表

下面的每一个句子是说你可能有的或曾出现过的一般感受与体验。请认真阅读每一个词。答案无正确、错误之分,回答时不必用太多时间去思考,但必须是最符合你通常感受的情况。每题都要回答,请在相应的格子里打"√"。

内　容	从未有	有时有	经常有	总是有
1.在进行考试时,我有信心,并且感到轻松。				
2.考试时,我感到心烦意乱。				
3.考试时,总想到考试的分数,妨碍了我答题。				
4.遇到重要的考试时,我会发呆、愣住。				
5.考试时,我发觉自己总想着能否学成毕业。				
6.我越尽力想如何答题,越是慌乱。				
7.怕考得不好的顾虑,使我不能把注意力集中于考试。				
8.参加重要的考试时,我感到异常心神不定、神经过敏。				

续表

内　容	从未有	有时有	经常有	总是有
9. 即使对考试有了充分准备，我还是感到神经非常紧张。				
10. 临近交考卷时，我开始感到极为不安。				
11. 在考试中，我感到非常紧张。				
12. 我希望考试不要如此频繁地烦扰我。				
13. 在重要的考试中我紧张得连胃也不舒适了。				
14. 进行重要的考试时，我似乎被自己击倒了。				
15. 我参加重要的考试时，感到非常恐慌。				
16. 在参加重要的考试之前，我非常担忧。				
17. 在考试中，我发觉自己总想着失败的结果。				
18. 在重要的考试中，我感到自己的心跳得特别快。				
19. 在考试之后，我试图不再担心，但我做不到。				
20. 在考试中，我是那样紧张，甚至把知道的内容也忘记了。				

评分方法：第 2—20 题，从未有 =1，有时有 =2，经常有 =3，总是有 =4；第 1 题，反向计分，从未有 =4，有时有 =3，经常有 =2，总是有 =1。

结果分析：常模显示，得分低于 35 分则考试焦虑偏低，高于 50 分则考试焦虑偏高。

原则上学生应该完成所有题目，不能有遗漏。但如果确实因为各种原因有遗漏，也有补分的方法。假设学生对其中的一题或两题没有回答，TAI 总分按比例算：（1）计算出那些学生已做出回答的题目的平均分。（2）把平均分乘 20。（3）把得分用四舍五入法保留整数，即为总分。

二、焦虑与抑郁测量：SAS 与 SDS

SAS 焦虑自评量表（Self-Rating Anxiety Scale）与 SDS 抑郁自评量表（Self-Rating Depression Scale），是由美国杜克大学教授庄（W. K. Zung）编制，分别有 20 题，用以测评一个人的焦虑、抑郁状况，采用 1-4 分制评定。两个量表的特点是：较直观地反映个人对焦虑、抑郁的主观感受，使用方便，运用广泛，有较高的信效度。国内外研究表明，SAS 与 SDS 相关系数很高。不建议在小学使用，初中生谨慎使用，可用于高中生或成人。

（一）SAS 焦虑自评量表

表 6-3　SAS 焦虑自评量表

请根据您最近一周的实际感觉在相应的格子内打"√"，按照第一直觉立即填写，不需要多想。请不要漏答任何一个题目。

内容	从没有或很少有	有时有	大部分时间有	绝大部分或全部时间都有
1. 我觉得比平常容易紧张和着急。				
2. 我无缘无故地感到害怕。				
3. 我容易心里烦乱或觉得惊恐。				
4. 我觉得我可能要发疯。				
5. 我觉得一切都很好，也不会发生什么不幸。				
6. 我手脚发抖打战。				
7. 我因头痛、颈痛和背痛而苦恼。				

续表

内容	从没有或很少有	有时有	大部分时间有	绝大部分或全部时间都有
8. 我感觉容易衰弱和疲乏。				
9. 我觉得心平气和，并且容易安静坐着。				
10. 我觉得心跳很快。				
11. 我因一阵阵头晕而苦恼。				
12. 我有晕倒发作或要晕倒的感觉。				
13. 我呼气吸气都感到很容易。				
14. 我感到手脚麻木和刺痛。				
15. 我因胃痛和消化不良而苦恼。				
16. 我常常要小便。				
17. 我的手常常是干燥温暖的。				
18. 我脸红发热。				
19. 我容易入睡并且一夜睡得很好。				
20. 我做了噩梦。				

评分方法：从没有或很少有=1，有时有=2，大部分时间有=3，绝大部分或全部时间都有=4。请注意第5、9、17、19题为反向计分。

结果分析：标准分的分界值为50分，其中50-59分为轻度焦虑，60-69分为中度焦虑，家长、教师要适当关注，对症施策，缓解焦虑，70分及以上为重度焦虑，必须到专业的心理咨询中心或者三甲医院就诊。

（二）SDS 抑郁自评量表

表 6-4　SDS 抑郁自评量表

请根据您最近一周的实际感觉在相应的格子内打"√"，按照第一直觉立即填写，不需要多想。请不要漏答任何一个题目。

内　容	从没有或很少有	有时有	大部分时间有	绝大部分或全部时间都有
1. 我感到情绪沮丧、郁闷。				
2. 我感到早晨心情最好。				
3. 我要哭或想哭。				
4. 我夜间睡眠不好。				
5. 我吃饭像平时一样多。				
6. 我对自己的性别、性发育感觉正常。				
7. 我感到体重减轻。				
8. 我为便秘烦恼。				
9. 我的心跳比平时快。				
10. 我无故感到疲劳。				
11. 我的头脑像往常一样清楚。				
12. 我做事情像平时一样不感到困难。				
13. 我坐卧不安，难以保持平静。				
14. 我对未来感到有希望。				
15. 我比平时更容易被激怒。				
16. 我觉得决定什么事很容易。				
17. 我感到自己是有用的和不可缺少的人。				

内　容	从没有或很少有	有时有	大部分时间有	绝大部分或全部时间都有
18. 我的生活很有意义。				
19. 假若我死了别人会过得更好。				
20. 我仍旧喜爱自己平时喜爱的东西。				

评分方法：具体评分方法与 SAS 焦虑自评量表相似。反向计分题是第 2、5、6、11、12、14、16、17、18、20。

结果分析：评定抑郁标准跟焦虑自评量表也一样。50-59 分为轻度抑郁，家长、教师要高度关注，采取必要措施防患于未然。60-69 分为中度抑郁，70 分及以上为重度抑郁。60 分及以上，建议家长带学生到专业的心理咨询机构或者三甲医院就诊。

注意：SAS 焦虑自评量表与 SDS 抑郁自评量表虽然相关性很大，但也是因人而异的，比如焦虑的同学不一定抑郁。

三、GWB 总体幸福感量表

GWB 总体幸福感量表（General Well-Being Schedule），是 1977 年美国国家卫生统计中心编制的一种定式型测查工具，用来评价人们的幸福感。该量表内容复查信度为 0.92，三周后再测信度为 0.86，效度系数为 0.72，有比较高的信效度。

表 6-5　GWB 总体幸福感量表

请根据自己的现实情况和切身体验回答您对生活的感受与看法，答案无好坏之分。请您仔细阅读，在"A/B"下面的格子填选项 A 或者 B，在"0-10"下面的格子里打分，每一道题目按照 10、9、8、7、6、5、4、3、2、

1、0的程度记分,请根据自己的符合程度给分,完全符合或者非常对10分,一点也不符合0分。

内　容	A/B	0–10
1.你的总体感觉怎样?（A 很好　B 很糟）		
2.你是否为自己的神经质或神经病而感到烦恼?（A 是 B 否）		
3.你是否一直牢牢地控制着自己的行为、思维、情感或感觉?（A 是 B 否）		
4.你是否由于悲哀、失去信心、失望或有许多麻烦而怀疑还有任何事情值得去做?（A 是 B 否）		
5.你是否正在受到或曾经受到任何约束、刺激或压力?（A 是 B 否）		
6.你的生活是否幸福、满足或愉快?（A 是 B 否）		
7.你是否有理由怀疑自己曾经失去理智,或对行为、谈话、思维和记忆失去控制?（A 是 B 否）		
8.你是否感到焦虑、担心或不安?（A 是 B 否）		
9.你睡醒之后是否感到头脑清晰和精力充沛?（A 是 B 否）		
10.你是否因为疾病、身体不适、疼痛或对患病的恐惧而烦恼?（A 是 B 否）		
11.你每天的生活中是否充满了让你感兴趣的事情?（A 是 B 否）		
12.你是否感到沮丧和忧郁?（A 是 B 否）		
13.你是否情绪稳定并能把握住自己?（A 是 B 否）		
14.你是否感到疲劳、过累、无力或精疲力竭?（A 是 B 否）		
15.你对自己健康担心或担忧的程度如何?（A 是 B 否）		
16.你感到放松或紧张的程度如何?（A 放松 B 紧张）		
17.你感觉自己的精力、精神和活力如何?（A 很好 B 很糟）		
18.你忧郁或快乐的程度如何?（A 忧郁 B 快乐）		

注意：如果个别学生问："现实情况是多久？"教师可以小声回答："在过去的一个月里。"学生如果没有问，教师可不提示。

评分方法：学生写的数字就是分数，各项分数相加就是总分。注意：题号为 2、4、5、7、8、10、12、14、15、18 的 10 个题目，选项 A 为负分题，比如写 2 分，则在总分里扣 2 分。

结果分析：国内的全国常模男性得分为 75 分，女性为 71 分，得分越高提示个体的主观幸福感越高。

四、中学生心理健康综合测量：MSSMHS 量表

中学生心理健康综合测量（MSSMHS 测量），由我国著名心理学家王极盛研制，以随机抽取的北京 2446 名中学生为样本，60 个题目均有较好的区分度。该量表的重测信度、同质性信度、分半信度数据较好，还有较好的结构效度，还建立了从初一到高三共六个年级的常模。MSSMHS 共 60 题 10 个分量表。

表 6-6　MSSMHS 量表

下面是有关你近 10 天状态的问题，请你仔细阅读，根据自己的实际情况认真填写，在相应的格子内打"√"。题目没有对错之分，请尽快回答，不要过多思考。每题都有五个等级供选择，按照程度的高低用 1-5 表示，每一道题目只能选择一个等级。1 代表无：自觉该项目无问题。2 代表轻度：自觉有该项目问题，轻度出现。3 代表中度：自觉有该项目症状，程度为中度。4 代表偏重：自觉有该项目症状，程度为中等严重。5 代表严重：自觉有该项目症状，已达到非常严重的程度。

内　容	1	2	3	4	5
1. 我不喜欢参加学校的课外活动。					
2. 我心情时好时坏。					
3. 做作业必须反复检查。					
4. 感到人们不喜欢我，对我不友好。					
5. 我感到苦闷。					
6. 我感到紧张或容易紧张。					
7. 我学习劲头时高时低。					
8. 我感到不适应现在的学校生活。					
9. 我看不惯现在的社会风气。					
10. 为保证正确，做事必须做得很慢。					
11. 我的想法总与别人不一样。					
12. 总担心自己的衣服是否整齐。					
13. 容易哭泣。					
14. 我感到前途没有希望。					
15. 我感到心神不定，坐立不安。					
16. 我经常责怪自己。					
17. 当别人看着我或谈论我时，感到不自在。					
18. 感到别人不理解我，不同情我。					
19. 我常发脾气，想控制但控制不住。					
20. 觉得别人想占我的便宜。					
21. 大叫或摔东西。					
22. 总在想一些不必要的事情。					
23. 必须反复洗手或反复数数。					

续表

内　容	1	2	3	4	5
24. 总感到有人在背后谈论我。					
25. 时常与人争论、抬杠。					
26. 对大多数人我觉得都不可信任。					
27. 我对做作业的热情忽高忽低。					
28. 同学考试成绩比我高，我感到难过。					
29. 我不适应老师的教学方法。					
30. 老师对我不公平。					
31. 我感到学习负担很重。					
32. 我对同学忽冷忽热。					
33. 上课时，总担心老师会提问自己。					
34. 我无缘无故地突然感到害怕。					
35. 我对老师时而疏远，时而亲近。					
36. 一听说要考试，心里就感到紧张。					
37. 别的同学穿戴比我好、比我有钱，我感到不舒服。					
38. 我讨厌做作业。					
39. 家里环境干扰我的学习。					
40. 我讨厌上学。					
41. 我不喜欢班里的风气。					
42. 父母对我不公平。					
43. 感到心里烦躁。					
44. 我常常提不起劲来，无精打采。					
45. 我的感情容易受到别人的伤害。					

续表

内　容	1	2	3	4	5
46. 我觉得心里不踏实。					
47. 别人对我的表现评价不恰当。					
48. 明知担心没有用，但总害怕考不好。					
49. 总觉得别人在跟我作对。					
50. 我容易激动和烦恼。					
51. 同异性在一起时，我感到害羞不自在。					
52. 我有想打人或伤害他人的冲动。					
53. 我对父母时而冷淡，时而亲热。					
54. 我对比我强的同学并不服气。					
55. 我讨厌考试。					
56. 心里总觉得有事。					
57. 经常有自杀的念头。					
58. 有想摔东西的冲动。					
59. 我要求别人十全十美。					
60. 同学考试成绩比我高，但是能力并不比我强。					

评分方法：选1得1分，以此类推。得分累加起来，可得到全量表总分，然后除以60就是总平均分。

结果解释：总平均分在2分到2.99分之间，轻度问题；在3分到3.99分之间，中等程度的症状；在4分到4.99分之间，较重的症状；如果总平均分等于5分，则为严重的心理症状。

中学生心理健康综合测量实质上包含10个项目内容量表，各有6题。每一题得分相加计算出总分，除以6得到项目平均分，根据以上标准判断，即可初步判断学生存在哪类对应的心理健康问题或症状。这 10 个项目内容量表题号及意义分别如下：

1. 强迫症状量表（3、10、12、22、23、48），得分较高，说明被测学生做作业必须反复检查，反复数数；总在想一些不必要的事情，总害怕考试成绩不好。

2. 偏执量表（11、20、24、26、47、49），得分较高，说明被测学生对多数人不信任，觉得别人在背后议论自己，觉得别人占自己便宜，别人对自己评价不当，别人跟自己作对。

3. 敌对量表（19、21、25、50、52、58），得分较高，说明被测学生经常与别人争论，控制不住自己的脾气，容易激动，有摔东西的冲动。

4. 人际关系紧张与敏感量表（4、17、18、45、51、59），得分较高，说明被测学生感情容易受到别人伤害，感觉别人不理解自己，对别人求全责备，觉得别人对自己不友好，同异性在一起感到不自在。

5. 抑郁量表（5、13、14、16、44、57），得分较高，说明被测学生感到生活单调，感到自己没有前途，容易哭泣，责备自己，无精打采。

6. 焦虑量表（6、15、34、43、46、56），得分较高，说明被测学生感到紧张，心神不定，无缘无故地害怕，心里烦躁，心里不踏实。

7. 学习压力量表（31、33、36、38、40、55），得分较高，说明被测学生怕老师提问，感到学习负担重，讨厌上学，讨厌做作业，害怕和讨厌考试。

8. 适应不良量表（1、8、9、29、39、41），得分较高，说明被测学生不适应学校生活，不适应老师教学方法，不愿参加课外活动，不适应家里学习环境。

9. 情绪不平衡量表（2、7、27、32、35、53），得分较高，说明被测学生面对老师、同学以及父母时情绪不稳定，学习热情忽高忽低。

10. 心理不平衡量表（28、30、37、42、54、60），得分较高，说明被测学生感到父母和老师对自己不公平，对同学比自己成绩好感到不服气和难过。

最后，重要提示：量表选择要关注项目区分度与难度，也要关注信度与效度。学校在开展心理健康教育过程中，不可随便进行心理测量。如果确实需要使用量表，建议统一印制，表格前增加指导语，每一个题目后面标出具体选项；由固定的心理老师统一打分，以确保信效度。同时，信息存档不能随便外露，特别要重视上文提到的心理测量的局限性。另外，早在1992年中国心理学会就制定了《心理测验工作者的道德准则》和《心理测验管理条例》，所以，除了要谨慎、科学地使用各种测量量表，学校心理测量更要严格遵循这些管理条例的相关规定。

第七章

学校心理危机识别与应急干预
——不，别过来

本章讨论的是学校心理危机。学校心理危机是与校内成员（主要是学生）息息相关的重大危机，基本都发生在校园里，当然有时也会溢出校园。学校心理危机，是大家都不愿意发生的却不得不面对的命题。为了学校一旦面对时能不慌不乱、有条有理地应对，将损失减到最小，更为了防患于未然，我们有必要深入了解学校心理危机。

第一节 学校心理危机概述

危机有两个含义：一是指突发事件，即出乎意料或者不可抗拒的事件，如地震、海啸、空难、山洪、泥石流、台风、火灾、洪涝灾害、恐怖袭击、疫病、战争等；二是指个体所处的紧急状态，即遭遇重大变故或重大问题时，人难以把握，难以解决，于是平衡被打破，生活受到严重干扰，焦虑紧张不断积蓄，进而出现无所适从乃至思维和行为紊乱失衡的状态。心理学界对心理危机概念的认定，一般有以下三个标准：第一是存在严重影响人心理的重大事件；第二是有急剧变化的情绪，生理或行为上有巨大改变；第三是个人原有的一些方法无法应对或者应对无效。

一、学校心理危机的分类

学校心理危机主要有五大类。

1.灾害性事件导致的学校心理危机。突发性的不可抗拒的灾害，如汶川地震、校舍房屋倒塌等，有可能会导致学校心理危机的产生。

2.社会恶性犯罪事件导致的学校心理危机。如果虐待、爆炸、凶杀、绑架、恐怖袭击等安全事件与学校成员相关，或在校园里发生，或主要受害者是学校里的师生，就会在校园中引起巨大的恐慌，甚至会导致学校心理危机的产生。

3. 社会性的或者个体的重大灾难事件导致的学校心理危机。社会性的或者个体的重大灾难事件，一方面是与师生群体相关的，另一方面是与师生个体相关的。与个体相关的，主要有家庭变故和成长变故。家庭变故主要是父母离婚、家庭迁移、亲子冲突、亲人患病或残疾或死亡等。成长变故主要有学业遇挫、罹患严重疾病、受到违纪违规处分、遭遇恶性伤害事件（包括生理的、心理的）等。

4. 暴力伤害导致的学校心理危机。校园内发生的冲突、暴力、伤害事件，包括师生之间或生生之间发生的暴力冲突、运动伤害与性伤害、敲诈、勒索、死亡事件等，都极有可能导致学校心理危机。

5. 自残、自虐、自杀等个体伤害事件导致的学校心理危机。校园内发生的自残、自虐乃至自杀等伤害自身的事件，遭遇甚至只是看到这些伤害事件，便有可能对学生成长产生重大的负面影响。

二、学校心理危机的直接反应

心理危机的反应可分为长期危害与短期危害，短期危害一般会维持6-8周。心理危机的反应还可分为直接反应和间接反应。直接的不良反应主要表现在以下四个方面：

1. 生理方面。可能表现为食欲下降、肠胃不适、疲乏、头痛、失眠、容易受惊、做噩梦、感觉窒息或喘不上气、肌肉紧张、哽塞感等。

2. 情绪方面。可能出现焦虑、恐惧、害怕、怀疑、忧郁、沮丧、悲伤、绝望、易怒、麻木、无助、孤独、否认、愤怒、紧张、不安、自责、烦躁、不信任、无法放松、过分敏感或警觉、担心自己或家人健康、持续担忧、害怕死去等。

3. 认知方面。可能表现为缺乏自信、注意力不集中、无法做决定、效能降低、健忘、思想不能从危机事件上转移等。

4. 行为方面。可能表现为逃避与疏离、社交退缩、不敢出门、暴饮暴食、害怕见人、容易自责或怪罪他人、反复消毒、反复洗手等。

毋庸讳言，校园心理危机对正在成长中的学生危害巨大，这种危害甚至会延续终生。

三、学校心理危机预防与干预系统的建构

（一）学校心理危机预防与干预的原则

最理想的当然是将学校心理危机消灭在萌芽状态。可是世事难料，一旦学校心理危机无法遏止时，心理辅导老师孤军奋战不可能成功，校长也很难一人鼎力担当，这就需要系统预警、团队运作、组织支持。学校心理危机预防与干预系统在操作实施过程中，应当遵循如下三项原则。

1. 生命第一、全程监护的原则。学校教育或者说学校一切工作的出发点，就是学生的生命安全。虽然也要兼顾教师的生命安全，但是学生的生命安全始终摆在首要的位置。对于处于心理危机的学生，在校期间，学校需要指定相关人员、制定相关机制，进行全时段、全过程监护。

2. 预防为主、及时预警的原则。不言而喻，学校心理危机总是有端倪或痕迹显现的，所以，要建立、健全合乎教育规律的科学预警系统。预警的主要责任人是班主任、任课教师。既要发挥学生的主观能动作用，激励学生发现心理危机萌芽并及时报告，又不能无限夸大学生不能承受的无限责任。

3. 多方参与、协调有序的原则。学校心理危机预防与干预肯定是一个系统的有组织的行为，领导小组、干预人员、班主任、政教主任等要各司

其职。日常预防时间段的主要责任人、事件发生时的主要责任人，包括家长、社区、校外心理咨询师、医院等方面力量的多方参与，都需要分工与协调机制。

（二）学校心理危机预警系统

1.校级心理健康教育领导机构。看似简单罗列姓名，但该机构、该名单还是很重要，得事先明确学校领导各自的责任与分工，而不是将主要责任推给心理健康教育教师或者班主任。工作任务可以分派给教师、中层干部，但是主要责任还是需要校级领导、分管的中层干部来承担。校级心理健康教育领导机构还需要负责制定配套的制度与举措，这是一种顶层设计。

2.必要的学校心理健康测量和心理健康档案。心理健康档案分为普测性的、以班级为单位的整体内容档案和个体性的、特殊学生的详细档案两类。

3.班主任或学校社团工作者。班主任或学校社团工作者每天与学生接触，无论是他还是她，都有可能是学生师源性心理问题的制造者，也有可能是解决学生心理问题的"救命稻草"，显然，其重要性要排在心理健康教育教师之前。

4.学校心理健康教育教师。当然，专职的心理健康教育教师非常关键，其素质与能力，其热情与投入，都显示了学校心理健康教育的水准。真的要选好人、用好人，才能事半功倍，而不是事倍功半、出力不讨好。

5.心理健康教育系列活动。学校心理健康教育的整体设计既需要制度保障，上下配套，又需要结合本校实际，有创造性地开展各类心理健康教育活动。可以结合心理健康教育活动周、活动月、活动季，面向学生、教师、家长乃至社区，采用横幅、多媒体滚动、校园广播、橱窗展览、专家宣讲、心理剧展演、教师心理健康教育课评优、手抄报比赛、黑板报比赛、心理达人作文评选等形式，大造声势，大力宣传心理健康教育的重要性。

6. 幸福快乐委员。详见第五章。

校园心理危机预防与干预系统的建构，可以分解为预警系统、应急系统、维护系统。特别提醒：有的责任不是学校应该承担的，要及时上报区域教育局基教处或心理健康教育指导中心，并就近与三甲医院或精神卫生中心保持联系。

第二节 心理危机学生的识别

一、心理危机学生的识别

容易发生心理危机学生的识别，往往需要我们关注日常教育教学过程中的微小事件。具体是哪些学生需要学校重点关心一下呢？教师们又可以从哪些方面进行观察呢？

（一）重点关注的对象

1. 家庭发生变故的学生，比如因亲人伤亡、父母分居或离异、家庭暴力、父母失业等重大家庭变故而出现行为异常的学生。

2. 遭遇突发危机的学生，比如遭遇被伤害、受侵犯、意外事故后出现行为异常的学生。

3. 情感方面受到挫折的学生，比如经历友谊崩塌、失恋、单相思、情绪失控后出现行为异常的学生。

要对出现以上情况的学生建立心理档案，制订专门计划进行预防与干预。另外，对下文所述"加强关注的对象"，如有下文所列的两条及以上表现的同学，也必须建立心理档案，还要联系家长，随访观察，一旦情况恶化，要及时转介到正规专业的心理咨询机构。

（二）加强关注的对象

中小学生若出现如下不正常的应激反应，则应加强关注。

1. 6-11 岁学生应激反应不正常的表现：不愿上学，一直悲伤或哭叫，注意力下降，出现身体不适（如头痛、胃痛等），容易发火，行为退化（如依恋、哭啼），害怕自己受伤害，尿床，做噩梦，惊恐，进食困难，思维混乱，出现退缩性行为或攻击性行为，不愿与人交往，寻求他人注意。

2. 12-18 岁学生应激反应不正常的表现：失去感觉，出现睡眠障碍，进食困难，冷漠，抑郁，焦虑，内疚，发生伙伴冲突，学习能力降低，注意力下降或注意力分散，出现退缩性行为，出现身体疾病（如头痛、胃痛），出现强迫性回想，出现反社会性行为（如偷窃），出现攻击性行为，物质滥用提高，过度兴奋，对生活的兴趣下降，其他生理上的不适。

（三）需要预防的对象

容易发生心理危机的学生，日常表现多为以下类型：

1. 过分老实型：对谁都害怕，唯唯诺诺，见了生人就躲避。
2. 过强攻击型：经常无故欺负弱小。
3. 情绪低落型：成天心情抑郁，精神不振，对什么都不感兴趣。
4. 自我责备型：常自我否定，无论什么差错，总认为是自己不好造成的。
5. 言语冲动型：乱发脾气，容易冲动，或者常与人争吵，事后总是认为都是别人对不起自己，都是别人的不对。

二、可能自杀学生的识别

（一）廓清自杀行为的认知误区

校园自杀是在复杂心理活动的作用下，个体学生在校园里自愿采取各种手段结束生命的危险行为。自杀，既是一种个体行为，也是一种复杂的社会现象。关于自杀，心理学界的观点多有分歧。有学者认为自杀分为五类——利他型、自我型、宿命型、失调型、传染型，也有学者把自杀分为情绪性自杀和理智性自杀两类。据北京心理危机研究与干预中心的调查结果，中国每年至少有 25 万人自杀，约 200 万人自杀未遂，自杀已成为 15-34 岁人群的首要死因。

19 世纪末，因对自杀原因的解释而名声大噪的法国社会学家埃米尔·涂尔干（Emile Durkheim）认为，自杀并不是一种简单的个人行为，而是对正在解体的社会的反应。据此，如果家庭、学校对学生个体缺乏必要的社会支持，会削弱学生生存的能力、信心和意志，导致自杀。浙江省心理健康教育指导中心的研究显示，青春期的孩子自杀不一定需要特别的理由，青春期的孩子有时会因为突发理由而自杀，也会冲动性自杀。

以下是调查研究出来的人们对自杀的认知误区：

1. 说出要自杀的学生不会自杀。
2. 自杀没有成功的人，不会自杀。
3. 自杀的学生是真的想死。
4. 和学生讨论自杀，会诱导其自杀。
5. 割手腕只是一种威胁，割手腕的学生不会自杀。
6. 自杀肯定有特别的时间。
7. 6 岁以下的孩子不会自杀。
8. 没有人能够预防自杀。
9. 通常要自杀的人是没有自杀征兆的。
10. 学生的抑郁心情得到改善时，自杀危机结束。
11. 学生一旦有自杀的打算，就一直想自杀。
12. 从认知能力和体力的角度看，孩子没有能力成功执行自杀计划。

13. 自杀是命中注定或者遗传起决定作用。

（二）自杀意念的可能表现

要自杀的人肯定是有自杀征兆的。自杀过程一般分为三个阶段：自杀动机或自杀意念形成阶段、矛盾冲突阶段、自杀行为选择阶段。加拿大心理学家丹尼斯·德·麦卡坦扎罗（Dennis De Mccatazaro）研究表明，跟自杀意念关联最密切的因素，是个体对家庭的影响程度。一旦觉得自己成了家庭的负担，就有较多的自杀意念；觉得自己对家庭有贡献，这样的人自杀意念较少。

自杀干预最好在第一阶段意念形成时就实施。自杀意念肯定会表现出来，而且会表现出很多迹象。外人可辨识的自杀危险征兆或者自杀者本人有意或无意发出的求助信息有如下四个方面：

1. 认知方面：困境（事实上或想象中）＝绝境，自杀＝唯一解决方法。

2. 情绪方面：无望感、孤独感、无助感、矛盾冲突感或极度挫败感、内疚感、羞耻感，由沮丧或低落突然变得异常平静甚至开心，情绪反复不定。

3. 行为方面：怪异或失去理性的行为，有极端的、无常的行为，曾经口头表达或写出想自杀的意思，突然将本人至爱的物品送走，避开亲人或朋友，拒绝和人沟通或希望独处，性格、打扮或举止发生变化。

4. 语言方面：使用失意的、灰冷的词汇，表示自己没有希望或感到绝望、一事无成，突然与别人谈及"离开""死亡"，在很奇怪的情况下说"再见"。

（三）自杀倾向的高危学生特征

综合文献研究发现，校园里有较大自杀可能的是以下六类学生：

1. 父母曾患有严重心理疾病（如抑郁症、精神分裂症、抑郁躁狂症、癔症等）的学生。

2. 曾患有较严重精神疾病（如抑郁症、精神分裂症、青春期抑郁躁狂症、癔症等），住院治疗后已基本康复出院，医院证明可参加学校日常学习与生活，不过还在继续服用精神疾病类药物的学生。

3. 家族其他成员有自杀历史的学生。

4. 在情绪、认知或行为等方面有明显异常的学生。

5. 个性极度抑郁、偏执、敏感的学生。

6. 曾遭遇或正在遭遇重大危机事件的学生。

（四）校园自杀事件预防的主要途径

法国作家、哲学家阿尔贝·加缪（Albert Camus）曾经有句名言："真正严肃的哲学问题只有一个，那就是自杀。"2003年9月10日，是世界卫生组织和国际自杀预防协会共同确定的全球第一个"预防自杀日"。

及时发现校园心理危机事件，并有效预防自杀，主要有以下途径：

1. 班主任和心理健康教育专兼职教师发现。

2. 学校定期的心理健康普测发现。

3. 幸福快乐委员报告。

4. 学校团队工作者、行政管理人员发现。

5. 学生本人或者家长主动报告需要心理咨询，或者请教师推荐心理咨询师。

6. 校外心理咨询机构或者心理专家转告。

上述前四种途径可以从校内全方位发现处在心理危机中的学生，并有效预防其自杀，主要是因为相关人员掌握了心理危机识别方面的知识。对于学校心理健康普测筛选出来的学生，比如筛选出来的考试高焦虑者、高抑郁者等，必须建立个人心理健康档案，然后慎重地找家长面谈。

现在很多城市的教育部门、医疗机构、妇联等部门和单位都开设了公益的心理热线，笔者曾经在政府主办的三条公益心理热线值班，接触到很多有自杀行为的案例，其中包括学生，所以上述第六种途径提请学校关注，主动与就近的这些机构建立联系，主动去询问是否有自己学校的学生。

三、重性精神疾病学生的识别与科学应对

（一）重性精神疾病学生的识别

无论是班主任还是学校专兼职心理健康教育教师，都非常有必要了解重性精神疾病患者的特征，以便能准确高效地识别。

重性精神疾病主要有：精神分裂症、偏执性精神病、分裂情感性精神障碍、双相障碍等。重性精神疾病患者的具体症状主要是：妄想、产生幻觉、有严重的思维障碍、行为紊乱等。重性精神疾病会使患者的社会生活能力受到严重损害。根据笔者的实际工作经验，青春期精神分裂的个案还是有的，绝对不能大意。

妄想是诊断精神疾病的一个分水岭式的指标。妄想有三大特征：歪曲事实、个人独有且坚信不疑。常见的学生妄想往往有：被害妄想、关系妄想、罪恶妄想、夸大妄想、钟情妄想、嫉妒妄想等。

幻觉是指无中生有的虚幻的知觉，如幻视、幻听、幻味、幻嗅、幻触。根据笔记的工作经验，幻听的学生往往认为自己"听到"了带有评论性、命令性或指责性的语言，即所谓"凭空闻语"。

严重的思维障碍主要包括：思维松弛——不知所云，思维破裂——词的杂拌，思维中断——思潮突然中止，思维云集——异己思想突然大量涌现。

行为紊乱主要包括意向倒错、木僵、缄默症、精神运动性兴奋。

自知力是人对自身精神状态的认识能力，重性精神疾病患者有三种自知情况。一种是自知力缺失，对所有的症状都不认为是病态表现并且拒绝治疗。一种是自知力不全，或者表现为自己有些"病感"，但不能具体分析症状及其原因，或者表现为承认部分症状是病态，对其他症状予以否认。一种是自知力完全，承认自己有病，并能透彻地分析症状，

有求治的愿望。

（二）重性精神疾病学生的科学应对

2018年修正的《中华人民共和国精神卫生法》第二十三条规定："心理咨询人员应当提高业务素质，遵守执业规范，为社会公众提供专业化的心理咨询服务。心理咨询人员不得从事心理治疗或者精神障碍的诊断、治疗。心理咨询人员发现接受咨询的人员可能患有精神障碍的，应当建议其到符合本法规定的医疗机构就诊。心理咨询人员应当尊重接受咨询人员的隐私，并为其保守秘密。"第二十九条规定："精神障碍的诊断应当由精神科执业医师作出。"第五十一条规定："心理治疗活动应当在医疗机构内开展。专门从事心理治疗的人员不得从事精神障碍的诊断，不得为精神障碍患者开具处方或者提供外科治疗。"

精神科医师、心理治疗师、心理咨询师与学校心理健康教育教师是有较大区别的，分别由不同部门认证资格，这里列下表7-1以示区别。

表7-1　精神科医师、心理治疗师、心理咨询师与学校心理健康教育教师的区别

职业	工作任务（执业范围）	资格认证部门	执业序列	执业地点	服务特征
精神科医师	疾病诊断、治疗（含心理治疗）	卫健委	医疗卫生	医疗机构	治疗性/短程或长程服务
心理治疗师	问题人群心理治疗、精神障碍辅助治疗（含心理咨询）	卫健委	医疗卫生	医疗机构	治疗性/短程或长程服务

续表

职业	工作任务（执业范围）	资格认证部门	执业序列	执业地点	服务特征
心理咨询师	健康（高危）人群心理咨询、健康教育	人社部门	社会服务（使用者购买/纯公益）	教育机构、司法机构、企业、个体工作室等	发展性、指导性、支持性和矫正性/短程服务
心理健康教育教师	学生心理健康维护与心理问题缓解	教育部门	教师（分专职与兼职）	学校内	教育性、发展性、支持性、矫正性/在校期间服务

所以，在学校里服务的心理咨询师、心理健康教育教师要意识到自身职能的局限性，一旦发现疑似精神疾病患者，应科学、理性、有序地应对。首先，专职或兼职的心理健康教育教师选择合适的量表给学生单独做心理测量。同时，班主任收集问题学生的养育情况等，了解具体原因，综合其他任课老师的观点在学校层面展开讨论会商。然后，尽快约家长面谈。

据笔者的经验，很多家长的第一反应是很震惊，其实他们有的是真的根本不知情，有的是试图隐瞒，有的甚至会否认孩子有严重的心理疾病。校方需要安排两位以上教师在场，给家长单独看心理测量结果，要郑重提醒家长做好防范措施，明确建议家长尽快带孩子找专业机构进行心理咨询，最后必须请家长在谈话记录本上签字。学校为了自我保护，这些谈话内容也可以录音。

画重点：学校提醒并建议有心理危机学生的监护人，应及时带学生去三甲医院心理科或精神疾病医院就诊，不能拖延，这样才能有较好的治疗效果。

  当然，对于心理障碍类学生，或者心理疾病得到明显缓解且有医院证明可以上学的学生，学校也不能放任不管或者拒绝其入学。建议家校双方建立定期沟通机制，表明校方会有针对性地通过个别心理辅导、小组心理辅导和班级心理辅导等多渠道给孩子以支持，告知家长专职或兼职心理健康教育教师联系电话等，欢迎孩子定期到学校心理辅导室进行心理辅导，但是依然要建议家长定期带孩子去医院就诊。

第三节 学校心理危机干预操作技术

本节内容主要借鉴了浙江省心理健康教育指导中心编制的《校园心理危机干预手册》，也参阅了《国家突发公共事件总体应急预案》等文献。

一、学校心理危机应急系统

在学校心理健康教育领导机构的基础上，必须成立学校心理危机干预领导小组。这个领导小组的人员构成、职责分工不再赘述，不同的学校可以有不同的安排。但是，无论如何安排都要保证一旦发生学校心理危机，领导小组便能够第一时间启动预案，进行及时且高效的干预。

学校心理危机领导小组的主要任务是，在危机事件现场及时、有效地与负责危机事件干预的其他系统进行合作，有计划、有步骤地对处于危机事件中的学生或教师，进行心理危机干预。

二、现场紧急心理援助

（一）现场紧急心理援助的目标

现场紧急心理援助的总目标是，建立冷静、安全、相互帮助、相互联系、自我控制、自我调节、富有希望的心理环境。总目标可以具体解读为四点：

1. 推动安全环境建立。现场小范围内肯定不安全，但是要确保其他师生的安全，不要衍生新的不安全的因素，确保大范围的安全。

2. 推动冷静环境形成。事件已经发生，任何责怪、埋怨都已经无用，因此，现场工作人员一定要各司其职，群策群力、齐心协力，冷静处理善后事情。最忌互相指责，互相指责只会导致人仰马翻、一片慌乱。

3. 推动相互联系环境建立。保持各种信息的共享，特别是事件进展信息的共享一定畅通，这一点很重要，因为信息共享整合后也许还能补救很多。

4. 推动自我效能环境发展。在现场紧急心理援助的过程中，一定要相互鼓励与互相帮助，任何人的行动都要往积极方向努力，促进现场每一个人的自我效能充分发挥，这样才能实现效益最大化。

（二）现场紧急心理援助的主要事项

1. 通知各方注意安全，提供必要的医疗援助。
2. 通知和召集有关方面提供救援和帮助。
3. 保护现场，隔离现场，等待有关方面的处理。
4. 运送伤员，确认伤亡情况。
5. 与学生家长或家庭成员进行联系。
6. 正视现实，准备起草危机事件的事实报告。

现场总指挥通常是校长或者分管校长，现场总指挥必须冷静地指挥校内各种人员分工行动，要注意有的事项必须同时进行，如校内医务人员在旁边随时待命；保安等用绳索、围栏等隔离现场，保障其他在校师生的安全；心理教师通知校外医疗机构或者救护车到达等。

（三）现场紧急心理援助的基本任务

任务1：主动与当事人接触、交流。一般是自我介绍和询问对方需求，可以有以下三项内容。（1）向学生做详细自我介绍：我是谁，姓什么，能为他们提供什么帮助。（2）解释与安慰：让当事学生了解，产生这些心理反应都是正常的心理现象，无论何人在遭遇重大事件后都会有类似的心理情绪反应；不同的人会有不同的反应，即使在一个班级里，也不是谁的反应都是一样的；随着时间的推移，不良情绪反应会减缓。（3）询问需求：询问学生是否有交流的需求，或我们主动提出给予的东西。注意：与学生交谈先用固定的句式，温暖、真诚地询问学生需要什么帮助，最好向学生声明保密性原则，同时还要认真倾听。

任务2：积极提供安全的自然环境，全力保障当事学生与现场人员的人身安全。注意有些当事人可能会对自己或他人造成伤害。紧急心理救援要关注的不仅仅是心理学的知识，还有很多安全防范措施，要确保现场人员生理上安全。（1）确保危机学生在生理上没有受伤。（2）尽快清除不安全物品，如武器或爆炸物。（3）设置标牌，不让无关人员进入现场。（4）如果当事人受伤了，心理援助人员要陪在身边，不能随意离开。有些危机学生可能会休克，掌握休克的一些基本常识：脸色苍白，呼吸急促，皮肤冰冷潮湿，心跳虚弱，眼神暗淡或迷乱，对交流没有反应，无法控制身体。

任务3：尽快建立可以信赖的沟通关系，给当事人以心理安全与安慰很重要，对当事人的询问等，心理援助人员要尽快回复，以确保在场学生获得安全感，可以鼓励他们做一些熟悉的、不需要重新学习的有实际意义的事情，这样可以增强他们的控制感。避免他们从不正规渠道听到负面消息，以免造成重复性的伤害。尽快联系他们信任的亲朋好友，获取救援小组的进度，及时了解局面是否在好转。如果学生遭遇灾难事件，有家人在旁，我们要避免代替家人角色，此时的关键是我们要对家人进行专业性的引导。为了提高安全感，可以给学生发毛绒玩具。如果发现他们之间在传播不真实信息，心理援助人员要马上进行澄清。让学生远离那些情绪激动和极端的人，以免造成孩子们的恐慌。不要让学生通过电视观看受灾场景，避免再次受到伤害。

任务4：全面准确地收集信息并进行初步整合。要尽可能让处于危机中的孩子多说话、多宣泄。"同理心"是在危机事件中与心理危机学生沟通的基础。虽然是紧急心理援助，但最优先解决的问题仍然是生理上的创伤和疾病。

任务5：对当事学生的需求提供支持与帮助。与最基本的支持人员建立联系；鼓励使用即时的、有效的支持；就寻求支持和给予支持进行讨论；当其他社会支持暂时不能起作用的时候，学校方进行直接支持。对不同类型的自杀者，先确认学生当前的最基本生理需求与最需要的帮助，如果天气寒冷就要提供保暖衣物，如果自杀的学生显示出饥饿就要提供给他喜欢的食品。

（四）现场紧急心理援助的注意事项

1. 避免询问事情经过及细节。
2. 避免使用病理化的语言。
3. 肯定学生任何积极的行为和语言。
4. 不是谁都需要心理援助。
5. 援助人员自身情绪要稳定冷静，做出榜样。
6. 避免使用我们自己也不熟悉的应对方法。
7. 掌握相关救助信息，比如医疗救助队的位置及其能提供的帮助等，与医疗救护、火警、交警的协调等。
8. 注意城乡、民族等的文化差异性。

以上只是简单列举现场紧急心理援助需要注意的事项，在实际工作中，一定不要犯教条主义的毛病，务必要随机应变。

三、校园危机事件后的心理干预

（一）危机后需要接受心理干预的人

第一类：危机事件发生后的当事人。当事人的应激反应类型：（1）侵入性反应，即灾难性经历不断进入他的思想，比如，有的经历过汶川地震的孩子坐火车很害怕，感觉火车的快速行驶就像地震一样，这使他们又遭受一次生理上的应激反应，这就是"闪回"。（2）回避性社会行为的退缩。（3）应激性生理反应，如睡不着觉、愤怒、难以集中注意力。大部分产生应激性障碍的人，可能兼有以上三种情况。

目前，心理疏泄是心理学界公认的、运用最为广泛的心理干预方法，但未发现有力的实证来证明其有效性。对于创伤后第一时间的援助是否需要和是否有效，也是值得重新评估的。

第二类：对校园危机事件进行干预的人员。事实上，我们也要重视对校园危机事件中的干预人员进行心理关怀。校园危机事件的干预人员在危机的初期阶段，怀着强烈的责任感进行各类干预，他们全身心地投入到各项忙碌而复杂的事务性工作中。如果危机处理时间过长，他们的体力、精力会严重透支，人也会处于虚脱状态。危机暂时平息后，危机事件本身如血腥场面或强烈的自责、内疚心理，也会给他们造成负面的影响。

所以，也要关心校园危机事件干预人员，除了及时换班，保证休息时间，还要观察他们的情绪变化、工作状态等。有研究证明，国外长期从事危机事件干预的人员，其心理倦怠状况不容乐观。因此，我们可以通过专业培训、放松减压等各种方式，给危机事件干预人员以心理自我调整与修复的机会。

（二）校园危机后心理援助和心理干预

第一，以班级为单位，开展多种形式的危机后心理援助和心理干预。第二，充分利用与危机事件相关的重要日期进行危机干预工作，比如危机事件周年纪念日或其他有特殊意义的时间，再比如当事学生或危机肇事者返回校园的日期。

校园危机发生后，可以采用危机干预六步法进行心理援助或心理干预。危机干预六步法结合了危机干预的平衡模式、认知模式和社会心理转化模式，是一种通过以小组为单位、有系统的相互交谈的形式，来减轻危机压力的方法，已在灾后心理援助中广为应用。

危机干预六步法，大多包括以下六个步骤：（1）相互介绍，即通过自我介绍过程，消除人际交流障碍，增进组内成员间的可信任度。（2）事件陈述，目的是还原过程、厘清事实。（3）交流感受，即组员之间感受共享，形成共感。（4）面对症状，目的是理解症状形成的原因、影响以及对生活的改变等。（5）辅导与支持，旨在提高认识、调整心态、掌握调适方法与应对策略，增强抗压能力。（6）总结与恢复，即通过总结，厘清问题，形成共识，建立承诺，实施行动计划。

（三）创伤后应激障碍及应对方法

创伤后应激障碍，是指个体目睹或遭遇一个或多个涉及自身或他人的实际死亡，或受到死亡的威胁，或严重的受伤，或躯体完整性受到威胁后，所导致的个体延迟出现且持续存在的精神障碍。据报道，创伤后应激障碍的发病率，女性比男性高，儿童比成人高。

心理学界普遍认为，创伤后应激障碍的核心症状有三组：回避和麻木类症状、创伤性再体验症状、警觉性增高症状。需要特别指出的是，与成人的症状不同，有些症状表现是学生特别是低年龄的学生所特有的，比如反复回忆或者扮演创伤性事件，玩有关主题的游戏，一旦提及或触及相关的内容则会有各种过度反应——惊跳、激动、暴躁、警惕、悲伤、迟钝、注意力障碍、黏人、分离性焦虑、梦魇、难以入睡等。

创伤后应激障碍一般在创伤性事件发生后数天至 6 个月内发病，病程至少持续 1 个月，个别甚至达数十年之久。在创伤性事件发生后 3 个月之内发病的为"急性创伤后应激障碍"，3-6 个月之间发病的为"慢性创伤后应激障碍"，6 个月后才发病的则为"延迟性创伤后应激障碍"。

目前的循证医学认为，极为有效的能够根治创伤后应激障碍的方法，主要有认知行为治疗、眼动脱敏治疗和催眠治疗。不得不提到，关于创伤后应激障碍，目前国外心理学界有不同的声音。比如，美国哈佛大学心理学教授理查德·麦克纳利（Richard McNally）得出的结论是：没有有力的证据证明心理疏导技术能够防止创伤后应激障碍，出于科学和伦理的原因，专业人士应停止对创伤暴露人员进行强制性疏导。美国"9·11"事件之后和中国汶川地震之后，各种心理援助涌入，多数人认为经历过这些灾难性事件的人需要心理援助。但也有研究者认为，人们对于创伤后应激障碍的易感性在个体间差异是很大的，大多数人在没有专业心理援助的情况下，经历了创伤初期的急性反应之后，很快就自然恢复了，只有部分人会从急性应激反应发展为长期的创伤后应激障碍。

如果学生被诊断为创伤后应激障碍，家长要辅助学生采取积极的应对方法，建议灵活运用以下六种方法：（1）恢复日常生活规律，衣食住行特别是一日三餐要保障。（2）控制白天睡觉的时间，白天昏昏沉沉一直在睡觉，晚上的睡眠质量便无法保障。（3）做一些放松训练，健美操、广场舞或者瑜伽都行。（4）坚持写感恩日记，感谢并记录下来别人的点滴帮助，感受生活的美好，体现出正能量的巨大作用。（5）掌握减少愤怒的方法，如换位思考、积极心理暗示、认知调整、深呼吸等。（6）帮助同学参加一个自己喜欢的支持性组织，充分利用小组同伴的团队力量。

四、校园心理危机干预技术：稳定—暴露—展望

浙江师范大学的周大根老师，提出了校园心理危机干预的"稳定—暴露—展望"模式技术，该模式技术以复原或者重构危机遭遇者的掌控感，协助危机学生有效应对危机，恢复心理平衡，然后获得成长。提升危机学生个体的掌控感，是该模式的核心。下面具体介绍周大根老师提倡的心理危机干预的三个步骤或者说三种技术。

第一步，心理稳定。面对校园心理危机，首先要采用心理稳定化技术。目的有三个：首先，让学生远离内心世界的危险地带，建立内在稳定性；其次，让学生尽力寻找内心的正向资源，增加自身的可控感，增强自身面对创伤的能力；最终，尽力促使学生将伤痛整合到新的生活中去。

常见的心理稳定化技术有：放松训练、安全岛技术、保险箱技术、内在智者技术和内在观察者技术。这些技术的操作过程与指导语在网络上都可以查到，限于篇幅不再赘述。

第二步，创伤暴露。创伤暴露是直面与创伤有关的信息与情景，激活并修复病理部分的记忆，从而为新的整合提供机会。可以在温馨的心理辅导室里帮助学生面对其感到害怕的但其实安全的刺激，努力减少学生的焦虑、恐惧或阻止学生的逃避、逃跑行为。可以使用空椅子技术、屏幕技术、遥控器技术、眼动脱敏技术、中止技术等，这些技术同样可以在网络上查阅到具体使用方法，此处笔者不再赘述。

画重点：创伤暴露技术，绝对需要在心理稳定的基础上进行！

第三步，展望未来。通过展示未来的无限可能性，来获得修复心理的强大力量。可以通过描绘未来家园、"魔幻水晶球"等技术，展望未来的自己或者设想未来世界的样貌等，重点是要突出希望，要积极，要把学生

引导到正向的内容上。

特别注意：如果不具备创伤暴露的条件，就跳过创伤暴露环节，直接进入展望未来的环节。

总体上，心理危机干预技术万变不离其宗，不外乎这五点：（1）建立亲和的辅导关系。（2）厘清事实与内在需求。（3）挖掘更多的正向资源。（4）小步子的行动干预。（5）评估跟进与效果持续。

参考文献

（一）图书

[1]（瑞士）赫尔曼·罗夏.20世纪心理学通览：心理诊断法［M］.袁军,译.杭州：浙江教育出版社,1997.

[2]（德）N.佩塞施基安.积极心理治疗——一种新方法的理论和实践［M］.白锡堃,译.北京：社会科学文献出版社,1998.

[3]陈家麟.学校心理教育［M］.北京：教育科学出版社,1995.

[4]（美）米尔格拉姆（Milgram, R. M.）.天才和资质优异儿童的心理咨询：教师、咨询师及父母指南［M］.曲晓艳,聂晶,译.北京：中国轻工业出版社,2005.

[5]徐晓虹,张雪伊.解读少年心事：青少年性健康教育教学参考［M］.宁波：宁波出版社,2004.

[6]徐晓虹,张雪伊.少年心事：青春期健康教育读本［M］.宁波：宁波出版社,2015.

[7]徐晓虹.儿童心理辅导范例［M］.宁波：宁波出版社,2017.

[8]徐德荣,徐晓虹,邵静芬.幼儿心理健康教育互动40课［M］.上海：上海科学技术文献出版社,2008.

[9]骆宏.小组辅导操作务实［M］.宁波：宁波出版社,2011.

[10]（美）贺琳·安德森.合作取向治疗：对话·语言·可能性［M］.周和君,译.太原：希望出版社,2010.

[11] 周红五. 心理援助：应对校园心理危机 [M]. 重庆：重庆出版社，2006.

[12] 樊富珉. 心理危机援助热线实务 [M]. 北京：清华大学出版社，2021.

[13] 钟志农. 心理辅导活动课操作务实 [M]. 宁波：宁波出版社，2014.

[14]（美）萨默斯－弗拉纳根（Sommers-Flanagan R.），萨默斯－弗拉纳根（Sommers-Flanagan J.）. 心理咨询面谈技术 [M]. 陈祉妍等，译. 北京：中国轻工业出版社，2001.

[15]（美）米尔滕伯格尔（Miltenberger, R.G.）. 行为矫正的原理与方法 [M]. 胡佩诚等，译. 北京：中国轻工业出版社，2000.

[16] 刘宣文. 心理咨询技术与应用 [M]. 宁波：宁波出版社，2013.

[17] 浙江省中小学心理健康教育指导中心. 浙江省中小学校园心理危机干预指导手册 [M]. 宁波：宁波出版社，2014.

[18]（美）库尔特·考夫卡. 格式塔心理学原理 [M]. 李维，译. 北京：北京大学出版社，2010.

[19] 许维素. 建构解决之道：焦点解决短期治疗 [M]. 宁波：宁波出版社，2013.

[20] 童小珍，于海娣. 催眠术手册——一种神奇的心理疗法 [M]. 哈尔滨：黑龙江科学技术出版社，2007.

[21] 姚鑫山. 个别心理辅导 [M]. 上海：上海教育出版社.2000.

[22]（美）Gerard Egan. 助人者技能练习——《高明的心理助人者》训练手册 [M]. 郑维康，译. 上海：上海教育出版社.

[23]（美）苏珊·福沃德，克雷格·巴克. 中毒的父母 [M]. 许效礼，译. 沈阳：辽宁教育出版社，2003.

[24]（美）瓦恩布雷纳（Winebrenner. S.）. 学习困难学生的教学策略 [M]. 刘颂，刘巧云，译. 北京：中国轻工业出版社，2005.

[25] 杨宏飞. 心理咨询原理. 杭州 [M]：浙江大学出版社，2006.

（二）期刊

[1] 田宏碧，陈家麟. 中国大陆心理健康标准研究十年的述评 [J]. 心理科学，2003

（4）：704-708.

[2] 刘宣文,何伟强.焦点解决短期心理咨询原理与技术述评[J].心理与行为研究,2004(2)：451-455.

[3] 董乐,黄丽.国内外焦点解决模式应用研究[J].中国学校卫生,2011,32(2)：255-256.

[4] 黄秋芬,李红霞.焦点解决短期疗法在初中生考试焦虑心理咨询中的应用[J].科教导刊(上旬刊),2017(1)：158-160.

[5] 张丽华,曲雪,尹小磊,等.中学生考试焦虑影响因素的研究现状及对策探析[J].中小学心理健康教育,2012(23)：14-16.

[6] 侍家云.小学生伙伴互助自主学习的策略[J].小学时代(教育研究),2010(11)：39.

[7] 岑坚,陈勇刚,邓小鹰,等.小组心理辅导对初中生学习潜能开发的实验研究[J].中国健康心理学杂志,2012,20(10)：1536-1539.

[8] 吴伟红.伙伴互助式小组心理辅导的探索[J].江苏教育,2017(24)：40-42.

[9] 孟莉,岑坚.高一学生学校适应的小组心理辅导研究[J].中小学心理健康教育,2008(24)：8-9.

[10] 戴育红,蔡达昌,陈汉祯,等.对学业不良学生进行小组辅导的实验研究[J].心理科学,2004(1)：228-230.

[11] 邹丹.以情境体验式团体心理辅导搭建高中生高效率学习小组[J].中小学心理健康教育,2018(4)：53-54+60.

[12] 高万敦.高中生朋辈心理辅导初探[J].青海教育,2016(9)：46-47.

[13] 俞雷.高中生朋辈心理辅导模式探析[J].教育科学论坛,2013(11)：75-77.

[14] 朱国君,柳玲玲.高中生朋辈心理辅导的特点及问题分析[J].教育观察(下半月),2016,5(12)：51-52.

[15] 王极盛,李焰,赫尔实.中国中学生心理健康量表的编制及其标准化[J].社会心理科学,1997(4)：15-20.

[16] 陈玉民，李汉武.一起大学生恶性心理危机事件化解的启示[J].中国学校卫生，2008（5）：480.

[17] 余如英.构建校园危机干预体系——以某中学校园危机事件为例[J].中小学心理健康教育，2009（10）：15-16.

[18] 范苹.灾后中小学校对儿童及青少年的心理危机干预[J].商场现代化，2009（18）：178-180.

[19] 张海燕，宋玉冰.箱庭疗法在中小学心理辅导中的应用[J].教育教学论坛，2014（53）：50-51.

[20] 陈艳.绘画疗法在中小学心理辅导中的应用[J].当代教育科学，2010（18）：47-49.

[21] 杨滨妮.关于心理咨询中叙事疗法的述评[J].新课程（下），2017（11）：314+316.

[22] 俞国良.未成年人心理健康教育的探索[J].北京师范大学学报（社会科学版），2005（1）：64-70.

[23] 吕明.论团体心理辅导与班级建设[J].当代教育论坛（宏观教育研究），2007（5）：94-95.

[24] 樊富珉.我国团体心理咨询的发展：回顾与展望[J].清华大学学报（哲学社会科学版），2005（6）：62-69+109.

（三）参考网站

[1] 中华人民共和国教育部网站：http://www.moe.gov.cn

[2] 中国教育报网站：http://paper.jyb.cn

[3] 浙江省教育科学研究院网站：http://www.zjedusri.com.cn

[4] 中华人民共和国国家卫生健康委员会网站：http://www.nhc.gov.cn

（四）硕博论文

[1] 周婉宁. 房树人临床评估体系的构建及应用研究[D]. 杭州：浙江理工大学，2013.

[2] 李思亚. 学生自杀事件后学校心理危机干预实证研究及工作手册编制[D]. 昆明：云南师范大学，2021.

鸣　谢

感谢我的导师陈如平老师给我执笔机会。

感谢浙江省教科院的朱永祥、庞红卫、阮玲玲老师，给我提供了很多宝贵资料。

感谢山东友谊出版社的王俊杰、王雅楠两位编辑认真审校本书稿，并提出诸多很好的建议。